超级连接

用户驱动的零售新增长

腾讯智慧零售 / 著

中信出版集团 | 北京

图书在版编目（CIP）数据

超级连接：用户驱动的零售新增长 / 腾讯智慧零售著 . -- 北京：中信出版社，2020.9（2021.1重印）
ISBN 978-7-5217-2100-3

Ⅰ.①超… Ⅱ.①腾… Ⅲ.①零售业—电子商务 Ⅳ.①F713.36

中国版本图书馆CIP数据核字（2020）第144648号

超级连接：用户驱动的零售新增长

著　　者：腾讯智慧零售
出版发行：中信出版集团股份有限公司
　　　　　（北京市朝阳区惠新东街甲4号富盛大厦2座　邮编　100029）
承 印 者：北京楠萍印刷有限公司

开　　本：880mm×1230mm　1/32　　印　　张：8.75　　字　　数：183千字
版　　次：2020年9月第1版　　　　　印　　次：2021年1月第5次印刷
书　　号：ISBN 978-7-5217-2100-3
定　　价：68.00元

版权所有·侵权必究
如有印刷、装订问题，本公司负责调换。
服务热线：400-600-8099
投稿邮箱：author@citicpub.com

目 录

推荐序一：超级连接开启智慧零售时代
马化腾
- V -

推荐序二：数字优先，推动零售新增长
汤道生
- IX -

推荐序三：零售回归以人为中心，实现用户驱动的新增长
林璟骅
- XIII -

I 全球零售业的数字化变革

第一节 零售数字化的三轮浪潮
- 004 -

第二节 国外先行者探索"人"的数字化
- 009 -

第三节 移动互联时代中国的换道超车
- 015 -

II

超级连接：
智慧零售的C2B战略

第一节　腾讯生态是超级连接器
- 024 -

第二节　C2B 式的"超级连接"战略
- 049 -

III

数字化用户：
让线下的生意清晰可见

第一节　线下客流数字化的瓶颈与进化
- 070 -

第二节　技术和工具的发展与演进
- 076 -

第三节　"移动支付与小程序"助力"从货到人"的数字化转型
- 082 -

第四节　技术创新带来"数字化用户"积累的多样化实践
- 088 -

IV 数字化触达：
构建".com2.0"私域新业态

第一节　私域业态不断走向成熟
- 112 -

第二节　小程序官方商城：连接全触点的"私域中枢"
- 121 -

第三节　官方导购："场"的私域化延伸和触达
- 143 -

第四节　超级社群：私域用户的自有阵地
- 165 -

V 数字化运营：
零售全链路的数字化管理

第一节　围绕"人的数字化"重构经营策略
- 188 -

第二节　生鲜及商超领域应用举例
- 192 -

第三节　购物中心领域应用举例
- 202 -

第四节　鞋服、美妆和运动领域应用举例
- 208 -

VI 零售数字化是 CEO工程

第一节 实践智慧零售的"三通"工程
- 226 -

第二节 自上而下的组织决心
- 243 -

第三节 从数字化到智能化
- 248 -

致 谢
- 253 -

推荐序一

超级连接开启智慧零售时代

腾讯董事会主席兼首席执行官　马化腾

在此次应对新冠疫情过程中，以智慧零售为代表的"数字化战疫"，通过小程序、购物群、直播电商、生鲜到家服务等新的零售消费形态，帮助我们实现了"隔而不离"的社会协作，保障了正常的生活秩序，支持了精准有序地复工复产，逐渐成长为中国抗击疫情、实现"六稳"与"六保"的一支"硬核"力量。

过去几年，帮助企业实现线上线下一体化、自主经营的智慧零售，常会被认为是"锦上添花的可选项"，但是今天，它已经成为零售消费行业"不可或缺的必答题"。中国传统零售企业对数字化转型的需求正在与日俱增。尽管诉求多样，但大家的主要痛点可以归拢为：一是与顾客沟通局限在门店内，手段单一，场景单一，用户体验不连续，店家也无法感知和满足用户的多元需求；二是在传统渠道遭遇流量瓶颈的环境下，如何实现有忠诚度、有黏性的客流增长，是传统零售业的卡脖子问题、老大难问题；三是在传统管理模式下，不同渠道和业态之间的数据不融通，零售企业内部运营机制被切成一个个片段，无法直接联通，往往凭经验感觉而非数据做出经营决策，造成整体的低效率。

《超级连接》一书是近三年来腾讯智慧零售团队与零售商、品牌商、服务商等业界伙伴的实战经验总结。他们尝试探索一个基于"连接"的商业操作系统，助力传统零售企业应对这些挑战。针对场景单一的局限，他们提出"数字化用户"，借助移动支付、扫码购以及其他基于人工智能的应用，实现客流数字化，让消费者从到店到离店的行动轨迹有迹可循，并沉淀为"云用户"，将实体门店转化为与消费者实时互动的"物理App"，突破时间和空间的限制，持续与用户产生连接，现实"'人'在哪里，'场'就在哪里"；针对流量困境，他们提出".com 2.0"私域业态，通过小程序官方商城、官方导购和超级社群三类典型的私域业态，组建基于微信生态的、线上线下一体化的、掌握在零售企业手中的自有流量，实现以连接驱动增长；针对信息割裂的问题，帮助企业实现数据资产的融通，并结合腾讯数据，从用户分层、商圈评级，到数据选址、精准营销等方面进行大数据分析，实现零售全链路的数字化管理，从传统的拍脑袋、凭经验，逐渐过渡到数据驱动的科学决策。

长期以来，中国传统零售行业市场碎片化严重，企业规模较小，技术积累薄弱，数字化程度不高。这些弱点在此次疫情中进一步暴露出来。相比之下，高效率、私域化、有温度的智慧零售模式，让实体门店展现出对抗外部冲击的强大韧性。目前线上消费已成为带动零售业整体恢复增长的火车头。微信、美团、支付宝等近期帮助多地完成小额消费券的高频精准发放，帮助餐饮零售实体门店实现了快速复苏。

自2018年战略升级以来，腾讯希望通过"扎根消费互联网，拥抱产业互联网"，逐渐成为各行各业转型升级的"数字化助手"。零售消费行业数字化转型的实践与探索，对交通、金融、医疗、教育等各大产业也有重要的借鉴意义。我们发现，各行各业进行数字化转型升级的过程是循序渐进的：第一步通常是从单体设备或单一环节的数字化开始，逐步实现整个场景中所有的设备和环节的数字化；第二步是把完成数字化的单一场景、单一业态逐步打通、连接起来，形成贯穿价值创造全过程的数字化链路，数据要素在零售企业与上游的制造部门间共享流动，跨企业、跨平台协同提升产业链条的整体运营效率；第三步是基于数据要素不断迭代的人工智能算法得到普遍应用，实现从原材料采购、产品设计、制造、库存管理、营销等场景的全面智能化，从而带来创新业态、产业升级。这"三步走"并不一定依次而行，常常会出现"并行"，在不同的行业领域有不同的表现形式，但实质相似。

连接是社会经济发展的基础。我们相信，以5G（第五代移动通信技术）、人工智能、数据中心等为代表的新基建，将有助于打通 C2B（Customer to Business，消费者到企业），实现从消费服务到生产制造的智慧连接，促进从智慧零售到智能制造的生态协同。特别是当下，这对于构建完善的内需体系、打通国内大循环、实现国内国际双循环互相促进，无疑具有极其重要的现实意义。

智慧零售是发展产业互联网不可或缺的关键环节，它将加速推动数据这一新兴生产要素，投入对传统产业的全方位、全角度、全链条的改造。目前，"超级连接"开启的智慧零售时代才刚刚拉开序幕，仍有很多未知和可能性有待探索。在探索过程中，大家通过数据要素为用户带来更多便利的同时，特别需要防范数据安全和隐私泄露的风险，确立适度合理的数据使用准则，将科技向善落到实处。这是腾讯对自身的要求，也是数字经济发展过程中需要坚守的底线。

零售消费行业的数字化转型是一个巨大的蓝海和系统工程，绝非仅凭一两家企业之力就能实现。它需要零售商、品牌商、供应链、商业地产商、互联网科技企业和大量专业服务机构等一起努力。腾讯将与各方紧密合作，共同推动这一数字化进程。希望《超级连接》能够促成业界更多的分享与合作，也希望腾讯智慧零售团队能够不断进取，持续为业界输出新的"智慧"经验和实战案例。

推荐序二

数字优先，推动零售新增长

腾讯高级执行副总裁、云与智慧产业事业群总裁　汤道生

在当前全球经济严峻的形势下，数字经济的价值再次得到了验证。2019年，我国数字经济占到整体GDP（国内生产总值）的36.2%，保持了较快增长。今年上半年在疫情的影响下，线上商品零售增速超过14%，数字经济展现出了强大韧性和深厚潜力。

2020年中央政府工作报告也再次提出加强"新基建"，全面推进"互联网+"。5G、物联网、云计算、大数据、人工智能等在内的新型基础设施建设，正为产业发展打造出一条"高速公路"。每一家想在"高速公路"上疾驰的企业，都需要思考以"数字优先"作为战略起点，通过数字化服务与场景的有机结合，拓展企业价值，更好地服务用户。

C2B战略是腾讯拥抱产业互联网的重要抓手与独特优势。一方面，利用微信、QQ、企业微信的连接能力，社会和企业服务可以

更高效地触达用户；另一方面，腾讯在服务12亿C端消费者的过程中，也积累了深厚的技术能力和完善的产品方法论，可以帮助B端企业提升产品能力，优化用户体验。

零售是直接连接C端的典型行业。过去的两年多，在服务和对接零售业伙伴的过程中，我们深深地感受到：零售行业对于在微信生态内创造增长有着强烈的愿望，但缺乏经过实战验证有效的方法；它们希望通过数字化转型和升级提高经营效率，但缺乏系统的知识和能力，整个行业也没有成熟的理论体系。这本《超级连接》首次系统地梳理了智慧零售为企业和品牌创造数字化增长的方法论。

超级连接，实质上是依托腾讯以社交（从早期的QQ到后来的微信）、内容（包括新闻、游戏、视频、音乐、文学、动漫、影视等）等方式服务C端用户过程中沉淀的经验和能力，用全连接运营的方式，激活线上、线下、社交、商业等多元化触点，助力零售伙伴在微信生态中建立适合自身发展的全渠道私域业态，打破线上线下区隔，实现一体化自主运营，通过提升对用户的"数字化触达"和"数字化运营"能力，不断获取业绩增量。

这其中，小程序官方商城、官方导购和超级社群，是智慧零售团队与广大的零售商、品牌商、服务商等合作伙伴一起探索出的三种典型全渠道私域业态。这三种业态也在新冠肺炎疫情暴发后，为零售业提供了紧急救生指南，助力它们快速推进业务在线化。腾讯智慧零售为企业伙伴建立长期可运营的私域流量，基于云、小程序、企业微信、微信支付等平台，通过售货员导购、社群运营、直播带货等方式，为消费者提供更个性化与及时的服务，最终实现了业绩增长。比如，2020年2月，太平鸟集团通过微信社群运营，日均总零售额超过800万元；永辉超市到家服务全国单日订单破20万单，销售额超过2000万元；绫致时装的WeMall小程序月销售额是去年同期的13倍，单日也创下了远超2019年"双11"和"双12"的新高。

这本书在理论之外，也结合了大量的合作伙伴实践案例。通过沃尔玛、万达、优衣库、丝芙兰、M.A.C、联想、百丽、完美日记、永辉、每日优鲜、孩子王等头部品牌的实战经验，诠释智慧零售的方法论。我们期望通过这本书，零售行业内各垂直领域的从业者，比如商超生鲜、商业地产、鞋服运动、美妆、3C（计算机、通信、消费电子产品的简称）等，都能收获新增长的灵感启发。

在智慧零售中，企业不但需要从流量思维向触点思维转变，还需要重新认识"人"的重要价值，零售只有做到以人为中心，以用户需求为导向，才能从根本上提升包括产业研发、生产制造、运输、交易在内的整体行业效率。最后我想说的是，零售是一个广阔的领域，我们希望与更多服务商和生态合作伙伴一起，更好地运用腾讯C2B的经验与能力，深入零售场景，优化运营模式，服务好更广大的用户群体。

推荐序三

零售回归以人为中心，实现用户驱动的新增长

腾讯高级副总裁，腾讯广告、腾讯智慧零售负责人　林璟骅

（一）腾讯与零售业数字化的缘起

在腾讯，早在专门的智慧零售战略合作部成立之前，腾讯广告就拥有很多零售行业的老朋友和客户，包括没有实体门店、需要依靠线上线下广告来触达和获取用户的电商，以线下业态为主的"传统零售企业"也不在少数。我们应该是最早接触和服务零售行业的团队之一。

在服务这些"传统零售企业"的过程中，我们发现许多企业在投放广告时，并不清楚需要曝光的客群是谁，也很少考虑线上广告获得的曝光跟流量如何更好地转化为线下门店的客流，给门店带来生意。一个典型的场景是，一家新店即将开业，零售企业通过代理在微信朋友圈投放了一个基于门店位置的 LBS 广告，而广告的内容除了新店开业的信息外，没有提供给用户下一步行动的有效路径，

更没有形成闭环。

我们当时就在想，怎么才能为这些零售企业提供更加切实有效的广告营销服务，帮助企业提升业绩？没想到，很快就有了以更好的方式解决这个问题的机会。

2018 年初，腾讯智慧零售战略合作部成立，这是腾讯内部最早为帮助某个特定行业实现数字化升级而全新组建的部门，目标是基于腾讯的生态和连接能力，为广大的零售商提供一个更加包容、创新、可持续的智慧零售解决方案。一个更大契机是同年 9 月 30 日，腾讯进行了一次深刻的组织架构变革，以极大的决心"扎根消费互联网，拥抱产业互联网"。智慧零售战略合作部也以"先锋部队"的角色，加快探索如何将腾讯 C 端能力优势转化为 B 端企业的能力，助力企业更好地服务 C 端客户，打通 C2B2C 的闭环。

（二）打造 C2B 式连接的样板工程

零售行业是离用户最近的行业。每一个人几乎每一天都会在各种各样、线上线下的零售业态中购物、消费。而腾讯透过社交、内容等业务，在服务 12 亿 C 端用户过程中，积累了大量的产品、技术、数据和能力。智慧零售可以将腾讯在 C 端深厚的积累，以 C2B 的方式服务零售行业，借用 Dowson（汤道生）的话来说，"智慧零售自然成为我们战略升级后产业互联网的主战场，也是 C2B 的样板工程"。

腾讯不会自己下场做零售，那么怎样才能成为零售行业数字化升级的助手？对于这个问题，智慧零售战略合作部成立之初，我们最先推进的是整合和融入。

整合，是将腾讯内部能够服务零售行业伙伴的产品技术和能力，整合成一套解决方案，统一提供给零售企业。在此之前，一家零售企业与腾讯合作，需要对接不同BG（事业群）的多个团队，沟通成本很高，业务推进效率不高，成果和产出也不明显。所以，我们首先横向整合了腾讯内部多个BG的产品，包含微信公众平台、微信支付、小程序、腾讯广告营销服务、腾讯云、企业微信、泛娱乐IP等在内的七大工具，形成了智慧零售工具箱，由腾讯智慧零售团队统一对接和服务零售业合作伙伴。

融入，是我们带着腾讯这些智慧零售的工具，走到零售行业伙伴的业务中去。我们不下场，但要"下水"，去了解零售业的整体生态、业务逻辑、不同零售业态的运行模式等等，还要跟合作伙伴一起盯商品、带销量、做生意。我们明白，只有了解行业、和我们的合作伙伴工作在一起，才可能真正帮得上忙。

在对接和服务的过程中，我们深刻感受到零售业伙伴对数字化升级的强烈愿望，决心也非常大。非常感谢合作伙伴们的开放与支持，我们共同打磨，沉淀出了很多有益的案例：比如，我们跟沃尔玛合作的"扫玛购"小程序，在上线后短短半年的时间里，成为商超行业首个突破千万级用户的小程序，后来一直保持非常高速的增长。2020年的7月，沃尔玛小程序注册用户超过了7000万，在数字化用户、"小程序官方商城"私域运营等方面都带给行业非常多的启发。再比如，我们最早和优衣库探索的小程序官方商城"掌上旗舰店"、和绫致集团构建的数字化导购小程序WeMall、和M.A.C打造的"淮海路819"智慧门店等等都成为行业的标杆。

（三）以"用户"为中心的"超级连接"战略

零售业是最贴近民生的商业形态，离用户最近，量大面广，其发展关乎国计民生。现代零售业在全球的发展不到200年的时间。20世纪中期信息技术迅猛发展的同时，零售业数字化也拉开了帷幕，并快速进行了3个阶段的迭代。

"零售数字化1.0"阶段以ERP（企业资源计划）信息化为主，解决的是企业内部流程优化和管理效率提升的问题，也就是"场"和"货"的数字化、可视化；后来随着互联网和电商的发展，品牌商与零售商开始在线上与消费者建立连接，从而开始识别、分析和运营消费者，实现更为精准的人货匹配和进一步的降本增效，这是"零售数字化2.0"阶段。这一阶段最大的突破是实现了从"货"的数字化延伸到"人"的线上数字化。

在"零售数字化2.0"阶段尝到电商网购带来的效率提升、加速发展之后，零售商开始思考如何实现线上线下融通、一体化协同发展，提升全渠道的用户数字化触达和运营能力。"人"全渠道数字化成为"零售数字化3.0"阶段变革的核心。

经过两年多的实践，智慧零售团队深入一线，和品牌零售合作伙伴、第三方专业服务商一起，在以微信为主的腾讯生态中不断探索实践。我们系统梳理了以"超级连接"为增长引擎、数字化驱动的"全触点零售"体系。我们一起尝试了各种新业态的运营，见证了销量和利润的快速增长，总结发现"小程序官方商城""官方导购""超级社群"三种业态具备可复制、可规模化、可持续化的交易特征，可以成为企业长期运营的私域业态。

我们希望商家能从"流量分配思维"转变成"触点运营思维"，激活微信生态中每个触点，积累私域用户和私域流量；从线上线下割裂，转变为以小程序为核心串联融通全渠道的一体化经营。我们希望商家能真正拥有自主运营流量与粉丝的能力。

最近几年，微信生态的商业化潜力不断凸显，2020年小程序交易额已超过万亿元。在这巨大的蓝海中，我们能探索的还有很多，私域业态未来还会不断繁衍和暴发，并在微信这片土壤中茁壮成长。

在智慧零售业务刚起步的时候，主要是头部企业愿意投入建设新的私域业态，那时候很多企业认为这是"锦上添花"。直到新冠肺炎疫情这一黑天鹅事件发生，门店无法正常营业，线下零售遭受巨大冲击，对部分缺少与用户直连这一基础数字化能力的企业甚至是毁灭性的打击，行业才意识到数字化的必要性，才意识到线上线下一体化自主经营的私域业态是企业抵抗危机风险、维系韧性增长不可或缺的"底层能力"。

这本书总结的方法论也为越来越多的零售商与品牌商的实践所验证：基于数字化用户的全渠道私域业态，可以切切实实地为企业创造可观的业绩增量。我们认为，2020年将会成为"私域业态元年"，以"数字化用户"为基石、线上线下协同发展的全渠道私域业态将是零售企业未来竞争力的数字化护城河。

随着合作的不断推进，我们也越发清晰地知道，智慧零售是一个极其复杂的系统工程，是一项名副其实的"CEO工程"。企业需要拥有双线增长的思维，既要考虑短期的销售业绩增长，同时也要坚定投入私域业态，为企业的长效增长不断夯实基础。而在推进的过程中，企业需要有自上而下的坚定信念和强大推动力，也要有上下一致的认同、协同。只有这样，在进化的过程中，才不会因阵痛而停止，不会因变化的缓慢而怀疑迷茫。在此与每一个读者共勉。

我们生活在一个可以亲眼见证科技改变生活的时代，对于企业而言，这也是一个"危"与"机"如影随形的时代。数字经济时代，先人一步构建强大的"数字免疫力"将是企业持续领跑的核心竞争力。

最后，非常感谢过去这两年多时间，包括微信开放平台、微信支付、腾讯云、企业微信、腾讯视频、腾讯游戏等兄弟部门同事的开放协同，精诚合作，也感谢零售业合作伙伴的信任和支持，还有服务商伙伴的积极推动，各方的努力才有了今天的生态繁荣。

《超级连接》凝聚了智慧零售团队长期深扎一线，牵动着零售商、品牌商、服务商多方线上线下协同，不断探索、打样过程中所总结的实战经验，也是腾讯全面拥抱产业互联网过程中第一次系统性的方法论总结。希望这本书可以带给行业一些启发。腾讯也将秉持一直以来"开放协作、跨界融合"的态度，持续推动C2B"超级连接"能力的不断释放，成为各行各业更好的"数字化助手"，助力企业走向深度数字化、智能化，打造更多的"中国样本"。

第一章
全球零售业的
数字化变革

引言

对于仅历经 160 余年发展的现代零售业，近几十年来的零售数字化浪潮可谓浩浩荡荡。

围绕货、场、人的数字化探索，一轮一轮朝前迭进："零售数字化 1.0"初步完成货与场的信息化和可视化，技术代替部分人工操作，数据处理效率实现规模化；"零售数字化 2.0"又有新突破，线上"人"的数字化基于电商的崛起变得有迹可循，消费者不再面目模糊；到"零售数字化 3.0"的阶段，我们需要让线下客流也有迹可循，进一步融通线上线下、不同业态数据，实现以"人"为核心的全渠道数字化管理。

在零售数字化的 1.0 和 2.0 阶段，国外零售业大幅走在前列，并在 3.0 阶段率先探索如何攻克线下客流数字化的难题，让线下门店在"人的识别、触达、分析、运营"的数字化程度上追平电商，实现全渠道以"人"为核心的融通管理。然而从开市客（Costco）、亚马逊到茑屋等"先锋"的探索进程来看，这场探索并非坦途，国外先行者都尚未抵达"理想的彼岸"。

国外零售业在3.0阶段遇到的难题，中国零售业却找到了不一样的解法。在PC（个人计算机）互联网向移动互联网"迁徙"的进程中，中国市场赢得了任何一个国家无法比拟的、前所未有的"数字化用户红利"，为之后"换道超车"打下了基础。伴随移动社交的崛起和移动支付的普及，线下客流如电商般清晰可见成为可能，带来了数据量的极大提升和优化，为"换道超车"踩下油门。围绕消费者全时全域的需求变化，触达的新手段、新方式也应运而生。小程序、大数据、企业中台、人工智能等技术的日益成熟大大降低了全渠道数据的融通和运营难度。在"人"的赛道上，中国终于在"客流信息的积累、用户的数字化触达和全渠道运营"上走在前列。

第一节　零售数字化的三轮浪潮

"零售"一词，源于古法语"retailer"，意为"切碎"，是指大批量买入小批量卖出的活动。作为人类历史悠久的商业行为，零售业也是人类社会最主要的产业之一。如果以19世纪世界第一家百货商店的诞生为起始，现代零售业已历经了160余年的发展历程，经历了单体百货商店、连锁商店、超级市场等业态变迁。[1]

百货商店的出现，改变了"前店后厂"的传统业态，让商店与工厂分离，生产、采购、售卖专业分工，并形成完整链路。连锁商店不仅改变了零售的经营模式，实现了可复制的规模效应，还建立起统一的标准化管理运营体系，大大提高了门店运营效率。20世纪30年代"超级市场"的诞生，不仅带给消费者一站式购物的全新体验，同时也重塑供应链体系。一方面超市通过"大量进货、批量销售"的策略，降低采购成本、压低售价，为消费者提供物美价廉的商品；另一方面，一站式采购在节约消费者采购时间的同时，让商品流通速度与周转效率迅速提升。

无论是百货商店的诞生、连锁商店的普及，还是超级市场的迅速发展，作为商品流通的最终环节，零售始终是直接面向消费者的商业活动，其核心使命是满足消费者需求，建立零售商与消费者更有效的连接方式。相较于一直以来"刀耕火种"的循序渐进，真正的"连接革命"行将到来。

技术的发展重塑一切，也包括零售业的每个作业环节和效率缝隙。在计算机技术商用之前，零售业的数据录入和处理一直依托人工，虽然打字机、收款机、自动记账机等辅助工具后来陆续出现，

---

[1] 王成荣等.第四次零售革命：流通的变革与重构[M].北京：中国经济出版社，2014.

但较低的效率仍旧难以匹配大生产和大消费的需求。直到20世纪中期，随着电信技术和计算机的迅速发展，巨大的商机出现在眼前，美国的零售企业开始思考，如何有效利用技术使零售效率实现指数级提升。零售业的数字化自此正式拉开帷幕。

零售业的数字化探索第一阶段可以概括为"信息化阶段"。这一阶段主要以信息技术手段代替人工，进行大批量的数据处理，完善零售企业内部管理，实现运作效率的进一步提升。当时美国市场研究机构加特纳公司基于这一发展方向，总结企业资源的利用现状，率先提出企业资源计划（Enterprise Resources Planning，ERP）。企业资源计划强调供应链管理，整合了制造、财务、销售、分销管理、人力资源、仓库管理、质量管理、设备管理、决策支持等多种功能，并支持集团化、跨地区跨国界运营，其宗旨是将企业各方面的资源充分调配和平衡。

"零售数字化1.0"阶段更多聚焦在零售企业内部的流程优化和管理效率的提升，以解决B（企业）端需求为主，即"场"和"货"的信息化和可视化，尚未真正起到连接和触达消费者（B2C）的作用，"人"的数字化悬而未解。零售商依然不知道每天来到门店的消费者是谁、兴趣是什么、买过什么、还会不会再来。如何提升从B端（商家）到C端（顾客）的连接效率和经营效果，仍然有待解决。

伴随20世纪末互联网的兴起与电商模式的出现，零售数字化进入第二阶段。品牌商与零售商通过电商渠道与消费者建立连接，"人"的数字化第一次通过线上实现。从浏览、点击到下单、复购，消费者的触达路径、用户画像、标签属性与行为偏好等终于有迹可循，消费者不再如往日一样"面目模糊"。基于新的连接方式，零售商可以开始识别、分析和运营消费者，可以实现更为精准的人货匹配和进一步的降本增效。国外如亚马逊，国内如阿里巴巴、京东，便是这一时期最具代表性的公司，此外还包括众多品牌商的自营电商。电商的发展推动包括搜索算法、在线支付、仓储物流等一系列基础设施的建立，为零售业带来全新的用户体验和场景想象。"数字化原住民"（首批数字化用户）的规模，也随着包括电商在内的互联网商业模式的蓬勃发展而日益壮大。

"零售数字化2.0"阶段，平台电商的出现，初步实现从"货"的数字化延伸到"人"的线上数字化。这在推动尝到甜头的电商提升效率、加速发展的同时，也给占据绝大多数市场份额的线下零售带来新的挑战和机遇。如何在新的时代背景下，提升线下渠道对用户的数字化触达和运营能力，线上线下如何协同发展，这类问题成为摆在零售商面前的一道道思考课题。对于大部分线下零售商而言，由于缺乏数字化基因和经验，面对电商平台的高速发展难免显得步履蹒跚。从学习数字化工具，建立、改造或升级数字化管理平台，到"积累数字化用户"，再到进一步实现"数字化运营、分析和管理"，"三步走"的天梯进程看似充满险阻但方向清晰。尤其在消费者特征越来越显现出全渠道、碎片化、随机性的当下，不攻克线下数字化的短板，就会在触达效率和触达成本层面愈加被电商平台大幅甩开，消费者的精细化运营就只是遥不可及的理想。

无论从传统线下业态延伸至线上电商，还是以电商平台起家再开展线下门店，抑或电商和线下业态同时布局，提高全渠道Ｂ２Ｃ的数字化管理水平，协同发展，成为零售商在数字化第三阶段的发展必然和共同需求，也是新一次零售变革的支点和推力。

从互联网、移动互联网的奠基，到5G、AIoT（人工智能物联网）带来的万物互联，系统性数字化能力让"人"的全方位数字化成为可能。如果说之前零售业的数字化变革，是围绕"场"和"货"来展开，那么这一次，在"零售数字化3.0"阶段，"人"终于成为零售变革的核心，在新的时代背景下，使线下门店在客流数字化的程度和数字化管理的水平上追平电商，实现以"人"为核心的全渠道管理，成了零售业的共同目标。

为了在第三阶段领跑，早在"零售数字化2.0"阶段，许多国外零售商便已认识到，用户将是未来零售业的核心资产。它们一度花费大量精力，研究和探寻线下零售乃至全渠道用户数字化管理的有效模式。虽然它们在不同方向上有所积淀和突破，然而理想光明道路曲折，先锋们的步步探索并非一帆风顺。

零售数字化发展的3个阶段，可概括如下，见图1-1-1。

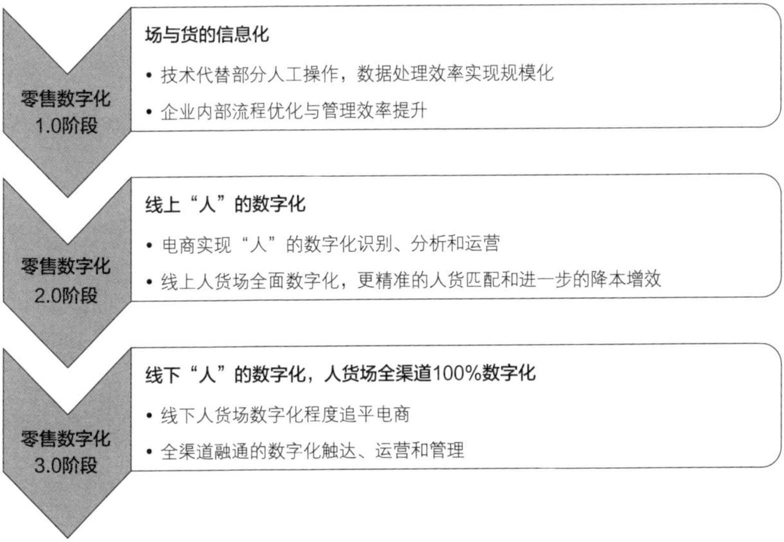

零售数字化 1.0 阶段
场与货的信息化
- 技术代替部分人工操作,数据处理效率实现规模化
- 企业内部流程优化与管理效率提升

零售数字化 2.0 阶段
线上"人"的数字化
- 电商实现"人"的数字化识别、分析和运营
- 线上人货场全面数字化,更精准的人货匹配和进一步的降本增效

零售数字化 3.0 阶段
线下"人"的数字化,人货场全渠道100%数字化
- 线下人货场数字化程度追平电商
- 全渠道融通的数字化触达、运营和管理

图 1-1-1 零售数字化的 3 个阶段

第二节 国外先行者探索"人"的数字化

最早开始探索门店客流数字化解决方案,研究"全渠道用户数字化管理"这个课题的是国外零售商。在众多先行者中,我们不得不提一下以 Costco 等为代表的会员制超市。20 世纪 60—80 年代,欧美国家先后诞生一批以会员制著称的大型超市,一般只有拥有会员资格的消费者才能进入购物。其特点一是仓储式销售,二是通过会员模式锁定目标顾客群。最为典型的代表如 1964 年成立的麦德

龙，1976年成立的Costco，1983年成立的山姆会员店。这些企业为零售业在线下门店的用户资产积累做出了诸多有益的探索。

Costco从在美国西雅图开出第一家仓储店至今，已发展成为美国第二大零售商，在全球范围拥有超770家门店和超9000万会员。[1] Costco明显认识到"会员"是其最为重要的资产，不仅因为会员费支撑了相当的利润占比，还在于大量稳定的会员带来的供应链反向定制能力，不仅可以确立稳定的SKU[2]数量和采购量，而且供应链成本也可以相应压低，在为消费者提供"优质低价"商品的同时，Costco维持较低毛利也能实现盈利。

在大部分传统线下零售商还未找到积累用户资产的有效手段时，Costco已经超前地通过会员制获得消费者的"名片"。然而通过登记注册会员这种传统方式，人力成本高且积累速度慢，信息字段的获取也并不全面，仅仅停留在"初步认识"用户的名字、性别和通信方式等基础信息，而"人"差异化的属性、标签、偏好等仍然缺失。因为数字化工具的缺失，Costco对广大会员也难以做到精准地分析和运营，用户资产如同冰山沉睡在内部系统的海洋中，缺乏对其进行解码、唤醒和运营的工具。短信、电邮、电话等单一单向的沟通形

---

1 债股研究社. 解读Costco Q3财报：利润超预期，会员制神话能否在中国续写传奇？[EB/OL].（2019-05-31）. https://baijiahao.baidu.com/s？id=1635031364223327738&wfr=spider&for=pc.
2 SKU，英文全称stock keeping unit，定义为保存库存控制的最小可用单位。——编者注

式无法高效地触达消费者，也不能与其深度交流并获得及时有效的反馈。个性化的营销与商品推荐难以实现，只能笼统地用几乎同样的信息覆盖大部分消费者。"Costco们"所采用的传统会员制，虽意识到用户识别、积累和运营的重要性，但依然未找到最佳实现途径。

在用户的积累和运营层面，互联网时代顺势而生的亚马逊显然比传统线下门店更进一步。

1995年亚马逊在美国西雅图成立，最初它只是一个线上购书平台，经过几十年的发展，业务板块逐渐拓展到更全面的零售品类。电商天然的数字化基因，帮助亚马逊规模化地积累了用户的行为和交易数据，并驱动了以数据为依据的运营和决策优化。基于此，亚马逊可以在商品推荐上实现"千人千面"，也能实现智能化的精准广告投放。2005年亚马逊推出prime会员，通过会员运营建立更深度的用户关系，掌握更完整的用户画像。2018年4月，亚马逊首次公布在全球已拥有超过1亿prime会员。

亚马逊在线上的探索步步为营，但这是否意味着它能够将线上优势成功延伸，攻克门店客流数字化的难题呢？2015年亚马逊曾做出一次尝试，在西雅图开设旗下第一家实体书店Amazon Books，计划以线上的图书销售和评论数据，来指导线下书店的选品。书店销售的5000种图书，每本下方都有一张黑色卡片，附有来自亚马逊用户的评分及书评。使用亚马逊App扫描卡片上的条形码，便可查看相关图书的售价和更多信息。

Amazon Books 是亚马逊基于用户在线上的数据指导线下业态选品和布局的一次尝试，以"人"反向影响"货"和"场"。但相较线上用户资产的"躺着"积累，在线下门店实现"规模化"收集并非易事。一旦回到线下，消费者是谁？喜欢什么？购买路径和频次是怎样的？与线上是否为同一群人？买完是否会复购？复购时会选择线上电商还是线下门店？这些问题依然不能得到基于数据的准确回答。亚马逊并没有找到高效便捷、可规模化的工具和方式积累线下用户资产，遑论进一步融通线下与线上的数据，以进行深入分析、挖掘、洞察，持续优化选品，改善门店布局，等等。

亚马逊后续推出的无人值守便利店 Amazon Go，基于计算机视觉、深度学习以及传感器融合等技术，跳过传统收银结账过程，尝试让用户在获取无人购物有趣体验的同时无感地留下痕迹。作为电商巨头的探索之作，无人值守便利店确实通过各种智能的身份验证和支付设备实现了用户的留资，但其规模化复制仍是难题，高企的技术成本令绝大多数普通零售商感到难以消化。行业期待的是一个操作更便捷、成本更可控的解决方案。

日本茑屋书店的探索历程也值得我们思考。

1983 年，茑屋在日本大阪开出第一家书店。观察到当时读者对内容消费存在多元化需求，茑屋率先推出录像带、DVD、图书混合的创新性销售模式。2011 年东京代官山茑屋书店一开业，便获得"全球最美书店"的美誉，更重要的意义在于其标志着茑屋"生活方式提案型书店"模式的正式确立——以针对特定客群属性与偏好的"生活方式提案",组织书籍陈列和空间业态布局,并设有专业导购提供购买建议和生活顾问。2015年,集合了家电与书店业态的二子玉川"茑屋家电"开业,融合了书籍、器物、家电与服务,进一步尝试基于在地性消费偏好分析的"业态升维"探索。

茑屋模式的核心在于"经营用户"而非"经营品类",因而其一开始就意识到,相对于传统会员制的低效率和批量化管理运营的难度,提前探索布局数字化会员十分必要,只有这样才能高效地积累足够多的用户数据,以驱动"千店千面"的"场景提案"。早在互联网技术和大数据应用尚未发端的20世纪80年代,茑屋母公司CCC集团就尝试通过发行"T-CARD",利用RFID(射频识别)等方式开始启动茑屋书店的会员积累。2003年,CCC集团又推出跨业通用积分服务"T-POINT",通过与全日本超22万个网点合作,利用通用积分共享权益快速实现会员增长。会员不仅能获得茑屋的服务权益,还能享受便利店购物、加油、打印相片、订阅新闻报纸等日常生活服务。积分的打通在消费者群体中大受欢迎,茑屋的会员也从最初的2000万增长到6000万以上,"每两个日本国民就有一个持有茑屋书店发行的T卡"。[1]

---

[1] [日]增田宗昭.知的资本论:茑屋书店的经营之道[M].王健波,译.北京:中信出版社,2017.

T-CARD 和 T-POINT 是茑屋突破线下零售传统限制，以批量化、高效率获取更全面的用户信息字段的一次成功尝试。多年积累的千万级的数字资产，为产品、服务和体验的迭代提供了有力的支撑，使得茑屋持续葆有创新动力。"数据驱动"在茑屋的发展战略中占据关键地位。在 CCC 组织架构中，运营着 T-CARD 会员体系和 T-POINT 积分体系的大数据提案部门，不仅支持着茑屋门店运营、娱乐事业部和设计部的业务，其本身也是重要的赢利单元，依靠其庞大的数据能力为其他企业提供咨询和数据服务。

茑屋的经营探索，是在日本特殊商业环境和时代背景下，凭借企业超强的前瞻性和执着的坚持进行的难以复制的尝试。对于新时期的大多数零售商而言，并非一次具有普适性的探索。

在零售数字化的 1.0 阶段和 2.0 阶段，以美国、日本零售商为代表的国外同行率先创造 ERP 等系统实现"货和场"的信息化，也领先创立平台电商，实现线上"人"的数字化。但在 3.0 阶段，无论是拥有数字化基因的线上平台，还是超前采用会员制的线下仓储店、会员店，虽然起点不同，但探索门店客流数字化之路都同样曲折而缓慢。大洋彼岸的零售巨头都尚未抵达"理想的彼岸"。

"零售数字化 3.0"是一场围绕"人"的战役。国外先锋仍在艰难中持续推进，中国零售业能否演绎出基于独特市场红利"后发先至"的动人故事？

第三节　移动互联时代中国的换道超车

零售数字化的 1.0 和 2.0 阶段，中国零售业的发展，无论是复制已被验证的工具手段还是照搬成功的经验模式，都与国外同行的探索步伐紧密相关。直到"零售数字化 3.0"阶段，中国零售业攻克了线下客流数字化的难题，开始在客流信息的积累、用户的数字化触达和全渠道运营上实现换道超车。

1900 年第一家百货商店秋林洋行的诞生，标志着中国"现代百货商店"的序幕拉开；改革开放以后，"超级市场"等新的业态理念陆续传入国内，以 1991 年上海联华开创中国第一家超级市场为起点，在之后的几年中，沃尔玛、家乐福、麦德龙等外资零售企业纷至沓来，中国零售市场也逐渐形成百货、超市、便利店、专卖店等多种业态百花齐放的格局，进入行业发展的提速时期。外资零售企业带来新的零售形态和商品的同时，也带来了零售数字化的探索新成果。本土零售商开始逐步推行 ERP 等信息化管理方式，替代传统依靠经验和人工的企业内部管理，逐步实现"货"和"场"的信息化和可视化。

1998 年之后中国互联网开始腾飞，电子商务模式也漂洋过海，对于中国零售业的发展起了巨大的推动作用，并产生了深刻的影响。在 eBay 和亚马逊影响下，以当当、卓越、淘宝、京东等为代表的中国电商故事渐次展开。互联网技术和电商作为新物种带来的能量，叠加中国庞大的人口红利和开放的政策环境，围绕线上"人"的数字化，从复制到创新的互联网商业演进被彻底激活，进而放大、爆发，中国零售业开始加速追赶甚至超越国外同行。

2008年iPhone 3G的发布，定义了一个翻天覆地的"智能手机大跃进"，2009年中国三大通信运营商齐获3G牌照，智能手机开始以任何国家都无法比拟的速度在中国迅速普及。伴随3G网络的日益成熟、智能手机市场的规模化以及操作系统的生态完善，移动互联网正式迈进新的纪元。

2011年诞生的微信被认为是移动互联网时代的"超级App"，满足随时随地"人与人连接"的强需求。移动互联网时代，智能手机的兴起催生移动社交，移动社交的普及又反向加速智能手机和移动互联网用户的爆发式增长。"手机网民"数量逐渐超过"电脑网民"，盯着手机的"低头族"活跃在越来越多的生活消费场景。与之相伴的是，智能手机从"奢侈品"转变为"必需品"，更多未"触网"人群为跟上潮流使用微信等应用程序纷纷购入智能手机。中国移动互联网形成了任何一个国家都无法比拟的庞大的用户数，这为之后"换道超车"打下了基础。

成为"国民级App"的微信，连接着中国最广阔的用户群体，它不断丰富消费内容和生活服务的供给，逐步迭代成长为一个集通信、社交、生活、交易等内容于一体的生态系统，与智能手机一样，构成用户越来越难以离开的"土壤"。与此同时，资讯、购物、游戏、流媒体、出行、外卖、支付等各类App的日益完善和爆发式增长，让移动互联网用户的衣食住行都可以"扎根"在手机上。

这种生态型爆发，正是中国互联网土壤所孕育的独特产物，足够的用户基数和在线时长，激发强烈的化学反应，不仅彻底影响并重塑"人"的消费行为和生活方式，更让各行各业开始畅想与消费者"连接重构"的创新可能。

2013年微信支付诞生，开启了之后数年"移动支付"的竞争加速。作为离消费者最近的行业，零售商们敏锐地察觉到中国消费者正在发生的剧变，以及移动支付将给线下门店带来的无限商机。零售商们开始主动推广普及移动支付，各色二维码在大街小巷的门店里铺开，国民逐渐习惯少带或不带现金出门，连菜市场和街边摊都流行起扫码支付。如火如荼的扫码支付新态势背后，零售商的收银效率大大提升。门店在高效地连接消费者的过程中，自然地留存客户信息、沉淀用户资产，客流如电商般清晰可见成为可能。数亿的移动支付用户带来了数据量的极大提升和优化，数据在实时性、空间属性和分析维度等层面也发生了质的变化。得益于此，线下客流数字化——这个一直困扰国外零售先行者的难题，在中国破局有解并衍生出多种解法。线下门店在"人的识别、触达、分析、运营"方面的数字化程度有了追平电商的可能。中国零售业踏下了油门，开始"换道超车"。

2014年4G正式商用，中国在短短几年时间内建设起全球规模最大、覆盖最广的 4G 网络（2018 年覆盖率达到 95%）。与此同时，智能手机用户占手机用户总量的 96%，位居全球第一。[1] 与技术速率的发展迭代相伴随，中国消费者的生活和购物习惯也被彻底改变。消费需求的"碎片化、及时性、随时随地、全时全域"，驱动零售商的触达方式越来越多样化，让原本独属于互联网平台的更多数字化能力迅速向线下零售业蔓延。除官网、App 等传统触点外，微信公众号、社群、小程序等快速崛起。层出不穷的"高效低成本"的数字化手段，成为零售商增强连接线上线下、触达和运营用户能力的新选项。此外，信息传输基础设施的日益完善，大数据、企业中台等的兴起，大大降低了零售商全渠道数据的融通和运营难度。

回顾过去几年，扫码购、人脸识别、AR（虚拟信息与现实世界叠加显示技术）、AI（人工智能）等新技术形态不断渗透日常生活，与市场政策和消费者对于模式与技术创新的开放态度"一拍即合"。人们习惯在家等待商品和服务"上门"，一排排无人货架被铺进写字楼内，各类零售门店流行起大屏互动、体感游戏、语音识别、机器人接待……广大消费者好奇地参与各种"零售实验"。诸多尝试有的成功有的失败，或成为新商业形态的铺垫。在此过程中诞生了许多企业服务机会，催生了众多的新型服务商。这段时期的零售

---

[1] 数据来自德勤中国电信行业核心服务团队发布的《科技之巅——站在顶端的中国数字消费者：2018 德勤中国移动消费调查》。

市场活跃程度是欧美市场无法比拟的。国内媒体热火朝天地探讨着什么是新零售，国外媒体和企业纷纷来取经，中国案例开始出现在世界级的各大舞台上。图1-3-1为中国零售数字化大事记。

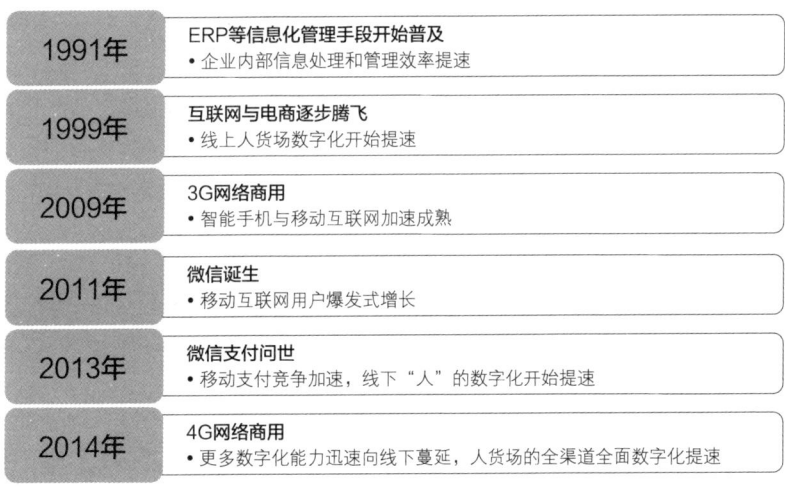

1991年	ERP等信息化管理手段开始普及 • 企业内部信息处理和管理效率提速
1999年	互联网与电商逐步腾飞 • 线上人货场数字化开始提速
2009年	3G网络商用 • 智能手机与移动互联网加速成熟
2011年	微信诞生 • 移动互联网用户爆发式增长
2013年	微信支付问世 • 移动支付竞争加速，线下"人"的数字化开始提速
2014年	4G网络商用 • 更多数字化能力迅速向线下蔓延，人货场的全渠道全面数字化提速

图1-3-1　中国零售数字化大事记

这是零售数字化在移动互联网时代的"厚积薄发"，更是中国市场孕育出的独一无二的商业"实验"。在围绕"人"的这一轮零售数字化浪潮中，中国的零售商率先交出了"门店客流数字化"的答卷。之后中国零售业更是势不可当，迸发出前所未有的活力，民间的智慧势如破竹地发展出多种多样的数字化触达和运营方式。产业环境、基础设施、敢于尝试的零售商和乐于尝试的消费者，让中国零售业终于在"客流信息的积累、用户的数字化触达和全渠道运营"上实现了换道超车。

如果说20世纪欧美与日本零售业贡献了管理智慧与技术手段，那么21世纪，中国零售业则为全球零售业提供了新的灵感。"零售数字化3.0"——在"人"的赛道上，中国零售业已然走在全球前列，而腾讯生态则是其中至关重要的助推器。

第二章

超级连接：

智慧零售的 C2B 战略

引言

向数字化疾进的零售业,成为"连接能力"不断进化的腾讯生态连接人与产业的"样板工程"。从公众号、微信支付、小程序,到企业微信、腾讯广告、泛娱乐 IP(Intellectual Property,知识财产)和腾讯云,腾讯生态在"零售数字化 3.0"阶段开始发挥出越来越重要的关键性基础作用。

2018 年,"智慧零售"的发展开始提速。腾讯成立智慧零售战略合作部,以数字化助手的身份贴身服务传统零售企业,并于 2019 年提出"超级连接"战略。

"超级连接"战略与腾讯产业互联网的 C2B 连接一脉相承。它在实质上就是腾讯助力零售商,以 C2B 的连接方式,依托腾讯服务 12 亿 C 端用户的经验与优势,主张用"触点管理"的方法激活线上、线下、社交、商业四大类腾讯生态内的触点,帮助零售品牌和企业补齐线下客流数字化的短板,建立微信生态中的私域业态,提高"人"的全渠道数字化触达和运营能力,获得业绩的实质性增长。它前所未有地拉近品牌商、零售商与消费者的距离,"以人为核心生意模式"变得触手可及。

对于零售商而言,借助腾讯生态从"人"出发经营生意,是"人""货""场"融合趋势下的必然逻辑,是"零售数字化3.0"阶段的核心挑战,也是在新的商业时代下国内零售业独一无二的发展机遇。

第一节　腾讯生态是超级连接器

- 腾讯生态的连接进化 -

"腾讯:连接之王"[1],是2016年初《快公司》评述中国创新公司时对腾讯的评价,也非常精确地反映出了腾讯自身的战略定位。

罗马并非一天建成,腾讯的连接能力是在不断进化中练就的。回望过去,"连接之王"四个字,并不能囊括一个在不断进化的、丰富而庞大的连接生态。

---

[1] 柯志雄.创新公司｜腾讯:连接之王[EB/OL].(2016-01-16). https://mp.weixin.qq.com/s/D30xLugSY1tr4VLgudWXFA.

腾讯连接能力的进化，可以划分为四个维度：连接人与人、连接人与内容、连接人与服务、连接人与产业。四种连接并非完全是时间顺序的线性推进，而是跨越不同层次的升维进化。每一次进化都是更好服务用户的顺势而为，都离不开"一切以用户价值为依归"的原动力。它们协同构建了腾讯发展历史的深度与广度，让这个生态成为中国乃至世界独一无二的"超级连接器"。

2019年11月11日，腾讯迎来了成立21周年纪念日，腾讯董事会主席兼首席执行官马化腾、腾讯总裁刘炽平及全体总办成员向四万多名员工发出了一封全员邮件："……最初，创始团队一心想做一款好用的产品。我们抠细节、勤迭代，抱着'不辜负用户，与用户做朋友'的信念创造了QQ。由此开始，腾讯一步一步走到今天。正是因为恪守了'用户为本''一切以用户价值为依归'的理念，在过去21年中，无论面对怎样的迷茫与取舍，我们都始终坚守这个信念，走在正确的路上。对此，我们会坚定地传承下去。……"

时间回拨到21年前的1999年，腾讯诞生之初，正是连接的起点。

腾讯开启人与人的连接，是从1999年2月10日这一天开始的。当时，成立刚满三个月的腾讯对外发布了即时通信产品OICQ。第二年，OICQ更名为QQ。2005年，年轻的QQ通过极具效率的产品迭代，击败变革迟缓的MSN，成为人们生活、工作等沟通场景的首选，并最终压倒性地占据当时80.2%的市场份额，成为国内最大的即时通信应用。QQ从发布之初不到百名在线用户，最终发展成为服务8.5亿人的超级应用。

QQ的出现，按下了腾讯连接能力的"启动键"。它不断刷新人与人的连接方式，也不断延展着每个个体的社交关系网络。

PC时代的QQ成为国民级社交应用，而伴随移动互联网的深入推进，微信的诞生又进一步按下腾讯连接人与人的"加速键"。

其时3G开始普及，智能手机逐渐成为人的"外部器官"，根植其中的kik、米聊等新通信软件层出不穷。这些现象，让张小龙强烈地感知到社交方式正发生剧烈变化。2010年11月19日，时任QQ邮箱项目负责人的张小龙，看到移动互联网时代酝酿新通信产品的可能性，他给马化腾写了一封邮件，正式拉开微信研发的序幕。

微信的问世，重构了人与人的移动社交方式。用户很快开始享受语音的亲切，"拉群"的便捷。2012年微信推出"朋友圈"，进一步激发了用户分享日常点滴的热情，"拍照发圈"成为社交生活的惯性动作。微信打造了基于熟人关系的社交圈，从通信工具晋级为移动社交平台，此后结合功能与内涵的不断拓展，逐步延伸出更多超越性想象。

QQ和微信虽然定位不同，但对腾讯而言，它们共同覆盖了不同年龄、地域和喜好的用户，将海量的用户最大限度地连接起来，达到的高度与取得的成就前所未有——帮助一个人连接另一个人，推动一种思想碰撞另一种思想。

如果仅仅提供最简单的社交工具连接，腾讯无疑只是一个"管道",难以创造更多的用户服务价值。在技术发展的加速推动下,互联网模式的蓬勃发展在某种程度上为用户节约出更多"有效时间",可以流向内容消费。腾讯连接能力进化的第二个维度便是拥抱内容,以内容连接用户,以迎接"人口红利"后的"时长红利"。对人与内容进行连接,最早可以追溯到腾讯的新闻与游戏两大板块。

新闻门户是中国互联网用户最早接触的在线内容形式。2003年上线的腾讯网,便是代表之一,立足于新闻资讯等产品,为消费者提供丰富的内容服务。同一时期宣告成立的腾讯游戏,仅用一年时间,首款产品"QQ游戏"在线人数便突破62万人,[1]成为当时国内第一大休闲游戏平台。之后腾讯游戏又陆续发布《地下城与勇士》《穿越火线》等一系列经典产品,超越盛大,问鼎中国第一网络游戏社区。2011年和2015年发行的《英雄联盟》与《王者荣耀》,更是让腾讯游戏迎来新一轮高光时刻。

新闻与游戏,奠定了腾讯生态连接人与内容的基础,并在此基础上不断探索拓展。2011年,腾讯首次提出"泛娱乐"概念。时任互娱业务掌门人任宇昕全力推动互娱业务从游戏向文学、动漫、影视、音乐、衍生品等形态延伸,构建一个开放的IP生态,用最为丰富的内容产品,满足"全用户"的需求。

---

[1] 数据来自腾讯游戏官方。

多年的连接布局，使腾讯游戏成为全球最大的游戏研发和发行平台。2011 年上线的腾讯视频，经过数年快跑，一举跃居国内最大在线视频平台之一，日活用户破 2 亿[1]；2012 年上线腾讯动漫，推出《一人之下》《狐妖小红娘》等优质 IP 资源，逐步成为全国最具规模的正版动漫平台；2013 年上线腾讯文学，两年后与盛大文学整合成立阅文集团，经数年发展已拥有超 1200 万部作品储备，超 800 万名创作者，覆盖 200 多种内容品类，触达数亿用户[2]；2015 年，企鹅影业与腾讯影业相继成立，打造出一系列脍炙人口的作品；而 2016 年诞生的腾讯电竞，将中国游戏和电子竞技推向新高度；拥有国内最大音乐库的腾讯音乐娱乐集团，也于 2018 年 12 月 12 日在纽交所上市，在为用户带来更丰富多元的音乐体验的同时，也"推动数字内容正版化"以助力行业健康发展。

正如腾讯影业首席执行官（CEO）程武所言："泛娱乐让每个人都可以将自己的文化灵感、内容创意通过互联网和移动互联网接入大众生活，通过创作，释放自己不被辜负的天分。""互联网+"时代，更多"亚文化"与"个体表达"都有机会被连接和放大，从"边缘"崛起，不断走进生活方式的"主流"。

---

1 小森. 第七届网络视听大会 | 腾讯日活用户破 2 亿 5G+ 大屏生态是重点 [EB/OL]. （2020-05-17）. https://news.znds.com/article/38277.html.
2 数据来自阅文集团官网。

2018年，腾讯提出"新文创"战略，从"泛娱乐"向"文化"升级。这意味着，腾讯不仅想用内容为用户带来快乐，还要以文化滋养消费者的精神世界。"新文创"战略正是腾讯连接人与内容的再次升维。

用户的需求演变继续推动着腾讯从内容向更广泛的服务场景延伸。连接人与服务，成为腾讯生态连接能力的第三重进化。移动互联时代的生活方式，也因此有了更多可能。

随着移动互联网用户的爆发式增长，腾讯生态开始围绕用户日常生活所需汇聚更多场景。各行业、各领域纷纷入场，越来越多的便民服务应运而生。

连接人与服务，对于腾讯而言有着两层含义。

其一，更好地服务 C 端用户。腾讯通过开放微信、QQ 等产品接口，接入第三方服务，实现人与服务直连，让生活更便利。用户打开微信就可以便捷地解决衣食住行等不同场景的刚需。2015 年，微信支付"九宫格"入口开放，从最初简单的支付功能，不断延伸到信用卡还款、手机充值、生活缴费、打车出行，甚至可以购买保险、预约挂号等。新推出的每一项服务背后，都是腾讯对用户需求的细微洞察、深思熟虑和无数次的测试与打磨。"通过互联网服务提升大众生活品质"，腾讯以此尽最大努力践行着"以用户价值为依归"的企业使命。

其二，连接人与服务，还意味着为行业创造真实价值。在 C 端服务蓬勃发展的同时，腾讯也希望帮助各行各业搭上互联网高速发展的快车。2015年全国两会，政府工作报告首提"互联网+"，当时马化腾表示："总理在政府工作报告中提出'互联网+'概念，对全社会、全行业来说，都是一个非常大的振奋。"[1]这意味着腾讯会将自身技术和服务能力开放，以"互联网+实体经济"的形式助推发展。

所谓"互联网+"，就是让实体经济借力互联网，实现产业创新、跨界融合，最终惠及社会民生。这并不是两者简单相加，而是利用信息通信技术以及互联网平台，让互联网和各行业深度融合，创造新的发展生态。腾讯扮演的角色依然是连接器，帮助企业将服务和用户连接起来。

其中，云服务、金融、广告、LBS（位置服务）等是腾讯为各行业提供的重要服务。云服务原本是腾讯支撑内部产品运营的基础设施，维系着腾讯连接12亿用户的稳定性，2010年逐步开放给合作伙伴，到2013年腾讯云服务更是面向全社会开放，为企业、政府提供底层技术支持。基于云服务强大的数据安全能力，腾讯帮助企业构建纵深防御体系，保护用户隐私安全；在金融行业，为企业和银行提供风控、区块链和数据安全服务；在广告领域，合并广点通和微信广告，成立"社交与效果广告部"，为企业提供完整

---

[1] 第一财经."互联网+"首现政府工作报告，马化腾回应"非常振奋"[EB/OL].（2015-03-05）. https://www.yicai.com/news/4582132.html.

的营销解决方案；而 LBS 技术，则为交通出行、O2O（Online To Offline）等领域提供重要支撑。

连接人与服务，是腾讯助力 B 端的开端。随着移动互联网的不断发展，特别是消费互联网能力模型的不断完善，连接人与产业成为腾讯生态进化的必然。

2018 年 9 月 30 日，腾讯在成立 20 周年前夕启动新一轮整体战略升级，宣布接下来 20 年将"扎根消费互联网，拥抱产业互联网"。这既是顺势而为，也是战略选择。从服务 C 端的角度看，要为消费者带来更好的产品与服务，必须"让产业互联网支撑消费互联网的发展，否则对 C 端的连接和服务只会是'空中楼阁'"。从产业整体来看，传统产业效率不足、增长缓慢，而以互联网为代表的新兴产业，总量天花板逐步见顶——前者要寻找创新动能提升企业效率，后者要寻找新的应用场景和增长点。无论立足企业自身还是行业发展，在 2018 年选择坚定拥抱产业互联网，是腾讯的必然之举，也是产业深度数字化融合的大势所趋。

但与长期服务 B 端的互联网企业相比，长于 C 端的腾讯刚开始显得经验不足，甚至某些过去引以为傲的能力，也变成了软肋。以组织形态为例，腾讯之前的组织架构是以服务用户为主，追求的是快速响应用户需求，打造出优秀产品。在这种理念下，"小组织"的形态成为实现目标的有力保障。但在面对产业端时，情况却全然不同，以"小组织"服务 B 端，会面临团队分散、组织复杂，甚至多个组织功能相互重叠的问题。

又比如，腾讯为业界所称道的"赛马"机制，孵化了许多"消费互联网"时代下的优秀产品，但它对 To B 业务来说是否已不合时宜？C 端用户愿意在不同产品中做出偏好选择，但"赛马机制"下多个团队同时服务一家企业，对 B 端企业而言，不仅增加了企业的选择成本和难度，也会引发企业的不信任感，增加交易成本和风险。

这些问题都考验着腾讯的决心和智慧。

所以，在 2018 年决定拥抱产业互联网后，腾讯先做了两件大事：第一件事，进行组织架构调整，打造支撑服务 B 端的组织形态和能力；第二件事，构建 C2B 式的连接方式，发挥自身优势，打造腾讯服务产业互联网的独特能力。这两件事可以视为理解腾讯连接人与产业的起点。

2018 年 9 月 30 日，腾讯完成自创立以来的第三次系统组织架构调整，在内部被称为"930 变革"，见图 2-1-1。具体而言，就是将原来的 7 大事业群调整合并为 6 个：其中企业发展事业群（CDG）、互动娱乐事业群（IEG）、技术工程事业群（TEG）、微信事业群（WXG）保留，撤销移动互联网事业群（MIG）、网络媒体事业群（OMG）、社交网络事业群（SNG），新成立平台与内容事业群（PCG）和云与智慧产业事业群（CSIG）。在连接人、连接数字内容与连接服务的基础上，进一步探索更适合未来趋势的社交、内容与技术融合，深入推动由消费互联网向产业互联网的升级。被寄予厚望的 CSIG

和 PCG，意味着腾讯对数字内容和 B 端服务更为专注的战略布局。

```
企业发展事业群
（CDG）
互动娱乐事业群          原有              新成立      平台与内容事业群
（IEG）                事业群 ── 腾讯 ── 事业群      （PCG）
技术工程事业群                 六大事业群
（TEG）                                              云与智慧产业事业群
微信事业群                                           （CSIG）
（WXG）
```

- "前端"聚焦重点行业，针对政务、零售、医疗、出行、教育和金融等行业着手打造解决方案
- "后端"持续整合构建在云上的通信、AI、安全与大数据等核心技术能力

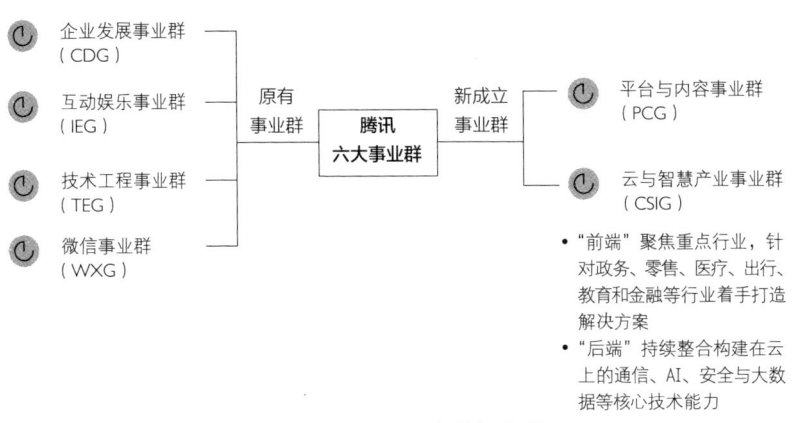

图 2-1-1　930 变革架构图

云与智慧产业事业群（CSIG）的成立，把 To B 业务提升到了一个前所未有的战略高度。它将腾讯多年来分散在各个事业群的 To B 能力聚合起来，以更加高效的方式为企业客户提供服务。"前端"聚焦重点行业，针对政务、零售、医疗、出行、教育和金融等行业着手打造解决方案，"后端"则持续整合构建在云上的通信、AI、安全与大数据等核心技术能力。

如果说此前腾讯服务 B 端企业，依靠的是碎片化的"机动队"，那么云与智慧产业事业群的成立，则标志着腾讯已经打造出一支专业化的"正规军"。

"C2B 式连接"正是腾讯连接人与产业的具体路径和独特优势。

关于 C2B 式连接，腾讯高级执行副总裁、云与智慧产业事业群总裁汤道生在 2018 腾讯全球合作伙伴大会上说道："产业互联网不仅仅是 To B、To G 的，归根结底也是 To C 的。腾讯将利用服务 C 端用户的经验，帮助 B 端伙伴实现生产制造与消费服务的价值链打通，以独特的 C2B 方式连接智能产业，服务产业，也服务于人。"

在"930 变革"中，腾讯没有选择在游戏与广告这两个业绩提升最快的业务领域"消耗"短期商业价值，而是基于长远发展，选择一条"艰难但正确"的道路——深耕数字化内容和产业互联网。只有不依靠流量"压榨"，不牺牲用户体验，舍弃短视的商业变现，选择更持久、更有价值的战略方向，才可能实现自身发展的长期主义。

从 2018 年初至今，腾讯以数字化助手的角色，针对具体行业深入探索 C2B 式连接。其中，通过构建"零售数字化底层能力"，形成智慧零售的解决方案，成为腾讯"连接人与产业"的方法论示范。可参见图 2-1-2 所示。

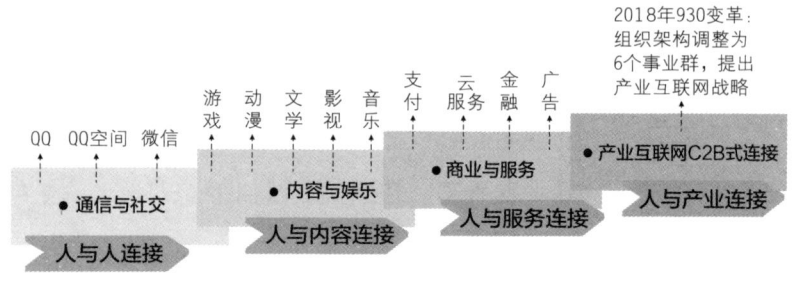

图 2-1-2　腾讯生态连接能力进化图谱

-"零售数字化底层能力"的夯实之路 -

作为离消费者最近的行业，智慧零售是腾讯转向产业互联网的"样板工程"，也是发挥"C2B式"连接优势的典型行业。

腾讯连接C端用户的优势是日积月累才形成的，向服务零售企业延伸也非一蹴而就，而是厚积薄发的结果。多年的积累，与时俱进地不断迭代，逐渐打磨沉淀出愈发成熟的七大工具——微信公众号、微信支付、小程序、企业微信、腾讯广告、腾讯云和泛娱乐IP，组合构成服务零售行业的"零售数字化底层能力"。

七大工具整体可分为两类：第一类是在微信生态内或围绕微信生态的工具，包括公众号、微信支付、小程序和企业微信，保障在前端最大化利用微信生态的连接力，让零售企业轻、易、快地触达更广大的用户群体；第二类为腾讯广告、腾讯云、泛娱乐IP，它们在中后端夯实共线服务，提供开放的数字化能力和数字化内容，让零售商与用户的连接多元、稳定、安全且有温度。见图2-1-3。

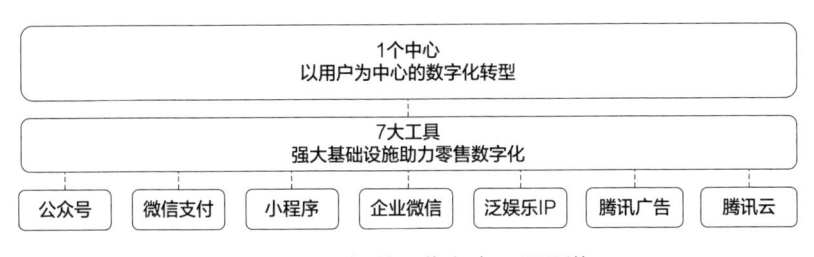

```
┌─────────────────────────────────────────────┐
│               1个中心                        │
│          以用户为中心的数字化转型             │
└─────────────────────────────────────────────┘
┌─────────────────────────────────────────────┐
│               7大工具                        │
│         强大基础设施助力零售数字化            │
└─────────────────────────────────────────────┘
┌─────┐┌───────┐┌──────┐┌──────┐┌───────┐┌──────┐┌──────┐
│公众号││微信支付││小程序││企业微信││泛娱乐IP││腾讯广告││腾讯云│
└─────┘└───────┘└──────┘└──────┘└───────┘└──────┘└──────┘
```

图 2-1-3 智慧零售七大工具图谱

2012年上线的微信公众平台，以人与内容的连接破局，为零售企业创造通过品牌的私域阵地直连用户的机会。腾讯最初的目的是以微信取代短信，为用户提供更多服务，同时能够规避垃圾短信骚扰用户的弊端。张小龙认为公众号也是对微信定位的一以贯之，"提供了一种基于订阅的模式，避免用户被骚扰和欺诈，也让服务信息可控地发给需要的人，其实是做一个C端和B端的桥梁"。

"再小的个体，也有自己的品牌"，是微信公众号推出时的口号。2019年底，微信公众号创作者数量已超2000万个[1]，几乎有一半的微信用户每天花费10~30分钟时间阅读公众号文章。包括订阅号、服务号在内的公众号形式，改变了企业原本品牌宣传、获取用户的方式，它们让任何企业都有平等的机会，以低成本、高效率的方式，实现与用户的直接连接。无论是主流的头部企业还是新晋的长尾品牌，无论是大公司还是个人博主，都有机会通过优质的内容和服务被关注和认可，拥有自己真实的粉丝。

在微信公众号之后，微信支付和小程序两大工具的出现，让微信生态连接线上线下的商业闭环更加完整。

2013年8月，随着微信5.0版本的更新，微信支付正式推出，为人们的生活带来了润物细无声的巨大变化，也为零售商带来了无

---

[1] 微信公开课. 2019年，微信的商业化技能都点在哪了？[EB/OL]. (2019-12-19). https://mp.weixin.qq.com/s/w1CmvGBE_D2hhK37MwTxpA.

限商机。腾讯进一步向连接线下的"人"渗透，线下客流数字化的曙光初现，开启了更多商业化探索。上线之初，广阔的支付场景尚未被完全激活，真正迎来爆发点，则是2015年春节。微信支付从新年发"压岁钱"的传统习俗中获得灵感，推出"微信红包"功能。集社交和游戏为一体的红包玩法，让人们纷纷掏出手机，积极参与收发红包的"新年娱乐项目"。无须大规模的市场推广，仅通过社交传播，2014年除夕夜一度吸引482万人次参与发"微信红包"的新年狂欢，领取的红包数量高达2000万余个[1]。"微信红包"逐渐成为移动社交时代的新风俗，微信支付也借此完成了高效的冷启动。

在微信支付的用户呈高歌猛进式增长时，腾讯陆续投资滴滴、美团、京东等一系列"垂直行业领跑者"，并将其纳入微信支付"九宫格"，构筑一张涵盖衣食住行游购娱等完整生活方式的产业版图。仅以滴滴打车为例，2014年1月滴滴打车开始接入微信支付，一个月时间就累计完成2100万笔支付[2]，领跑出行产业。微信支付不仅给予各细分产业更多的商业增量，也使用户的生活更便捷、更具

---

[1] 微信公开课.微信春节放大招，35亿红包摇出来！[EB/OL].（2015-02-09）. https://mp.weixin.qq.com/s/95UYIAEXMxovdUmPTzc3RA.
[2] 网易科技报道.滴滴打车：1月累计补贴4亿 微信支付2100万单[EB/OL].（2014-02-11）. http://tech.163.com/14/0211/13/9KQBLIKQ000915BF.html.

有多样性。

微信创始人张小龙期望微信支付能做到服务的最高境界："只有用户意识不到的服务才是很好的服务，你都不会想到有这个东西的存在，这才是最好的用户产品体验。"

"扫码"被定义为影响生活方式巨大进步的发明是理所当然的，付款选择用微信扫一扫二维码，移动支付的盛行极大提升了交易结算的效率，且自然而然地沉淀用户资产，形成基于用户微信ID（本质是数字化ID）的数字化连接。困扰零售商多年的线下客流数字化难题有了简洁的破解之道。除了电商，门店也成为企业数字资产的重要来源。通过移动支付，用户与商品、用户与商家的连接形成了完整的数字化闭环。

在微信支付得到普及的基础上，小程序的诞生和爆发式增长，又将零售行业的"C2B式连接"向前推进了一大步，这为零售商家带来了线上与线下的真正融通。从零售业变革的角度，可以说属于小程序的时代真正到来了。

2016年初，微信团队开始思考新的命题：是否应该有一种新的应用形态，不只停留在公众号的订阅机制和推送能力方面，而且在不增添用户使用负担的前提下，拥有应用程序App的完整功能。

"用完即走"的思考，是基于对用户数字化生活状态的效率洞察。一如2016年1月11日张小龙发表首次公开演讲时所阐述："我们希望存在一种新的公众号的形态，这种形态下面，用户关注了一个公众号，就像安装了一个 App 一样，他要找这个公众号的时候就像找一个 App 一样……我们可以尝试做到让更多的 App 有一种更轻量，但是又更好使用的形态存在。"

2017 年 1 月小程序的出现恰逢其时。小程序使用更轻盈，连接更具效率。只需扫一扫或轻轻下拉，便可以从社交场景抵达商业服务。最先应用小程序的机构集中在政务、日常工具等领域。这些场景需求一般低频刚需，与小程序无须下载、用完即走的特点十分契合。

"跳一跳"小游戏的爆红，让更多人体会到小程序的优势：对用户而言能立即触达，轻便使用，"体验比网站好，比下载 App 更便捷"；对开发者而言易于开发，却可承载如应用程序般复杂的个性化功能。后来，小程序应用场景又迅速向衣食住行各行各业延伸，2019 年小程序的日活用户已超 3 亿[1]。小程序开始一点一滴渗透每个人的生活。

对于零售企业而言，小程序给它们带来了巨大的想象空间。零售企业不仅可以使用小程序搭建官网，打造线上的自营业态，还可以围绕小程序进行个性化开发，高效轻便地连接线下门店，探索线下的精彩场景和服务。小程序连接的不仅是渠道，更帮商家与用户建立起直接连接，构建围绕数字化用户的全渠道零售闭环。

---

[1] 微信公开课. 小程序日活超 3 亿 [EB/OL]. （2019-11-13）. https://mp.weixin.qq.com/s/ypiho4NEvL24axjPZ83dZw.

零售企业不再受限于平台，可以充分发挥创造力，通过小程序实现定制化的功能。花点时间是最早利用小程序开发鲜花订阅功能和鲜花社交拼团的商家之一；丝芙兰认为真实测评对美妆用户特别重要，于是在小程序中开发特有的社区板块，作为粉丝之间自由交流美妆知识和产品使用感受的空间；如联想3C产品这种重视线下门店体验的品类，则主要利用小程序实现线上预约、线下门店体验和发货功能；还有企业开发专门服务门店导购的小程序，通过模块化的内容和板块，让导购与微信顾客之间一对一高效交流，或者通过内部课程、业绩查询等提高企业对导购的批量管理效率。

小程序与微信支付、公众号等的天然关联，让商业闭环更为顺滑、短链高效，依托微信生态的用户连接效率成为零售商发展的加速器，不只是线上，线下场景的探索也越发深入。这打破了平台电商的局限，任何一个线上电商平台，要与零售商的线下门店在用户、数据、服务、体验等方面融通都不容易，因为两个渠道大概率存在竞争性，难以做到彻底共享和互通有无，而且平台模板化的功能要在技术上实现根据线下门店的需求进行个性化开发，不仅成本高企，实际操作难度也极大。

小程序正好解决了这些问题。作为去中心化的商家自营阵地，小程序支持个性化功能，且开发简单轻便、迭代快捷。微信自身的线上连接，以及微信支付与门店扫码连接的优势，在小程序的加持下，更好地实现了线上和线下的互相引流，以及服务和体验的互相补充。

越来越多的零售商在尝到甜头后，开始尝试"小程序＋公众号"等更多进阶玩法，不仅在线上根据用户画像千人千面地推送内容，而且在打通线下用户、库存等数据后，配合门店"千店千面"地展示个性化商品和服务。

小程序并不是专门为某个领域准备的。作为普惠的连接工具，小程序的开发者和小程序数量在不断增长，这体现了各行各业对其理念、价值和功能的认可。

在2020年1月9日的"微信公开课PRO"上，微信官方发布的一组数据，直观地展示了小程序三年来的上升势头和交易场景的发展潜力：2019年微信小程序累计创造了8000亿交易总额，同比2018年增长了160%，其中增长最快的是电商和零售行业。"公开课"上还显示，增长主要得益于很多品牌小程序，从2018年的阶段化运营变成了2019年的常态化运营。2020年微信小程序的布局重点是要建设商业场景，帮助商家打造属于自己的商业闭环。

头部和中长尾的小程序都能实现蓬勃发展，这得益于微信对"去中心化"的坚持。"去中心化"与其说是策略，不如说是理念。在一个"去中心化"的世界，每个独立的个体都有真实的用户，都拥有推荐的力量；每个商家和品牌都能拥有自营业态、私域流量和自有用户，都公平地享有被推荐的机会。唯有这样，才能承载多元丰满的可持续发展生态。

"公众号—支付—小程序"的探索是不断夯实"人与人、人与内容、人与服务、人与产业"连接的过程。

2016年到2019年间企业微信的迭代，则是一个让有温度的专业服务，离终端12亿微信用户越来越近的过程，进一步拉近了人与产业的连接。企业微信对内让企业信息高效流转，对外连接微信12亿消费者。它不仅是"企业内部的微信"，更是整个微信生态商业闭环中的重要组成部分。

张小龙对企业微信开发理念的解释能够清晰地说明这一点："企业微信如果定位为公司内部沟通工具的话，我认为它的场景和意义会小很多，只有当它延伸到企业外部的时候才会产生更大的价值。企业微信后续新的变化是基于一个新的理念——希望让每一个企业员工都成为企业服务的窗口。人就是服务，而且是认证的服务。"

诞生于2016年的企业微信，最初与市场上大部分SaaS（Software-as-a-service，软件即服务）工具类似，仅为组织内部沟通之用。但随后越来越多的企业提出问题：怎样通过企业微信接触到企业之外的客户？这些企业之外的客户目前是不是都在用微信？

企业微信不断迭代、强化企业微信与微信的连接，提供更多拓展、沉淀和管理私域用户的功能，精细化运营个人号、朋友圈和微信群三大微信流量场景。而这些场景，也正是私域流量最为丰富的"策源地"。打通顾客、导购和企业，让导购便捷专业地管理顾客，企业稳定安全地管理导购，实现私域用户的系统化运营——"人即服务"也正由此而实现。

以服装行业的导购为例。在使用企业微信后，每个导购员都可以管理无上限的微信好友，导购可以根据不同的客户特征搭建不同的外部群聊，提供个性化社群服务，可以在客户朋友圈回复专业的搭配建议，进行评论互动等。这些服务都可以在后台统一管理，围绕大量可供参考的数据维度，不断优化顾客运营方式。

截至 2019 年 12 月，企业微信已入驻 250 万余家企业，拥有 6000 万活跃用户，服务医药、保险、汽车、银行、能源、重工、物流、美妆、日化、石油、家居、奢侈品等 50 余个行业。[1] 企业微信不单单是效率工具，更是围绕"带给企业增益"目标而打造的增长型产品。

在"零售数字化 3.0"阶段，最难的不是货和场的 100% 数字化，而是人的 100% 数字化。公众号、微信支付、小程序和企业微信协同搭建微信生态内基础设施，让每个零售商均可在全渠道范围以数字化方式直连用户。

泛娱乐 IP、腾讯广告和腾讯云为零售商提供连接用户的精彩内容、多元的触达方式、范围丰富的大数据和坚实的底层技术。

泛娱乐 IP 涵盖游戏、动漫、文学、影视、音乐五个重点领域，完整的数字化内容矩阵覆盖不同年龄、不同偏好的用户，帮助零售商

---

[1] 微信公开课. 今天起，企业微信可以拉外部百人群、发朋友圈！[EB/OL].（2019-12-23）. https://mp.weixin.qq.com/s/4E0gS0ANAPD_gX40hsNiOw.

依靠被市场验证的文化和情感载体聚集消费者，满足圈层营销需求。

2018年腾讯"930"架构调整，数字内容整合便是改革重点之一。全新的平台与内容事业群（PCG）成立，整合原本分散在不同事业群的内容产品业务，涵盖新闻、长短视频、影业、动漫、信息流、社交平台。各业务线因而能在统一组织下，实现各种跨赛道协作以及社交与内容的融合发展。比如在腾讯生态内，"QQ+游戏+文学""文学+动漫+影视+游戏""动漫+影视+游戏""长视频+短视频+音乐"等多种内容形式组合，构成百花齐放、各具特色的文化生态。

对于零售商而言，泛娱乐IP也成为越来越重要的数字化营销选择。零售商在满足消费者对产品功能基本需求的基础上，还要努力兼顾消费者丰富的情感体验，产生独特的记忆与心智。围绕这种内容营销趋势的变化，以及用户对参与感和主动表达的渴求，结合IP的跨界营销获得越来越多零售商的认可。

腾讯高级副总裁林璟骅在接受《中国企业家》杂志采访时说："腾讯的一大核心优势就是拥有大量优质内容IP，但腾讯不会只做IP拥有者，而是要在文化产业成为对创新和创造深刻理解的公司。我们对IP是有理解的，不只是浅层的触达，更是去深度挖掘品牌与IP之间的共鸣，赋予合作更丰富的内涵。"

譬如，《风味人间》与家乐福的合作，是中国饮食文化与消费升级的有机结合；而《王者荣耀》与M.A.C的合作，则是国民游戏与女性美妆消费洞察的深度融合。这些尝试都获得了 1+1>2 的效果。恰当的内容 IP 合作，具备触动和连接消费者情感的独有优势。

与泛娱乐 IP 紧密相连的是广告服务。腾讯广告提供给零售商家多元的触达用户方式和基于大数据的洞察和分析，它不仅是数字化工具，也是响应商家需求、顺应营销生态变化不断升级的战略。

腾讯进入广告行业已经十多年。从最早的即时通信广告开始，一共经历了两次大的组织形态调整。2015 年腾讯将负责 QQ 空间、QQ 音乐、拍拍网等广告业务的广点通和微信广告合并，成立"社交与效果广告部"。当时上线第一条朋友圈广告，为了不影响用户的使用体验，仅以一条普通信息的形式，自然地出现在用户的朋友圈中。在朋友圈广告下点赞留言，更成为当下年轻人喜爱的"暗号"与表达，一度引爆当年的移动互联网营销。这是微信在构建闭环商业生态链的过程中迈出的历史性一步。伴随着商家的期待，腾讯后续又推出更加多样化的广告形式，如本地推广、微信小程序广告等。

2018 年的 "930 架构调整"，腾讯将分属于两个不同事业群的社交与效果广告部、网络媒体事业广告线在企业发展事业群（CDG）下整合为"腾讯广告"。将长期积累的社交、视频、资讯以及其他丰富的媒体资源完整结合起来，借助日渐完善的用户洞察和大数据，提供整合营销服务。在这一进程中，客户服务、组织内部与集团内各业务板块的沟通效率都得到了提升，解决了"重复造轮子"、缺乏合力的问题,更好地发挥腾讯生态中资源整合的价值。

整合后的腾讯广告,能够以小程序为连接,通过社群、公众号、企业微信等触点,让每个零售商都可以与消费者直接交流,拥有直接运营用户的机会。腾讯广告的数据和中台能力的提升,挖掘更精准的消费者洞察,让用户运营有迹可循、有数可依。IP内容跨界营销能够以优质的内容、深刻的情感连接赢得用户心智。

不压榨流量,不牺牲用户体验,用长线思维助力企业可持续增长,是腾讯广告的坚持方向。同样,腾讯高级副总裁林璟骅鼓励企业坚守长期价值,"思考长期的用户价值和企业经营,建立起可持续发展和增长的模型,重视为消费者提供长期价值"。越来越多的零售商,如优衣库、步步高、丝芙兰、李宁、永辉超市、沃尔玛等,都在从经营商品向经营用户价值转变。

腾讯总裁刘炽平曾说:"虽然我们的广告有比较多的潜力,而且广告的填充率比国外国内同行都低,但是我们不着急很快提升填充率,我们希望以稳健的方式针对每一个板块进行长远发展。"腾讯广告的商业思路,不是急功近利地对接资源,而是立足长期价值提供系统性生态服务。

在七大工具中,腾讯云提供了保驾护航的底层能力。经过多年发展,腾讯云在"930架构调整"中被正式确定为服务产业互联网的战略基础,为产业转型提供高速、稳定、安全的计算服务。拥抱产业互联网,云必然是最核心的底层能力。不仅是腾讯,国内的阿里巴巴、华为，国外的谷歌、微软、亚马逊，都在紧锣密鼓地推动云业务的发展。云已经成为产业互联网的"兵家必争之地"。

互联网企业发展出来的云业务，几乎都源自主营业务的能力溢出，腾讯云也不例外。回顾腾讯云的发展，最早主要服务于QQ、QQ空间等产品，历经海量服务考验，积累了丰富经验，也打下了坚实的数据基础。截至2019年5月，腾讯云在全球的服务器数量已经超过100万台，带宽峰值达到100T。这意味着腾讯云服务的业务规模、承载的网络流量都迈入了全球云服务第一梯队。腾讯云拥有6000多个合作伙伴，200多种IaaS（基础设施服务）、PaaS（平台服务）、SaaS产品，超过90种行业解决方案。[1] 腾讯云的业务触角不仅渗透到人们衣食住行的每一环节，也在政务、金融、零售、交通、工业制造、医疗等领域硕果累累。"你看不见我，我却一直都在"，是腾讯云应用现状的真实写照。

与其他企业的云业务相比，"C2B式连接"是腾讯云的最大优势。在应用层面触达海量C端消费者，为腾讯云提出场景化解决方案带来了极大便利。

腾讯智慧零售与沃尔玛合作的中台项目"云Mall"，成功打造了C2B模式在零售行业的标杆。1个月内，腾讯、微盟、沃尔玛的

---

[1] 腾讯云.今后，请叫我"腾百万"[EB/OL].（2019-08-29）.https://mp.weixin.qq.com/s/VgSevj7HMqo1Ey8W2c3hNA.

联合项目团队日夜兼程，为沃尔玛完成旧版小程序的替换，上线全新的到家小程序，完成到家小程序和扫码购小程序的合并，打通线上线下会员全链路营销。整合海量用户、大数据、云计算等腾讯能力，以中台方式为行业输出标准化解决方案。

在云与智慧产业事业群（CSIG）总裁汤道生看来，云计算的竞争，正在从底层架构向需求端迅速转移，客户需要的是跳过复杂技术架构的解决方案，直接能够解决他们的具体业务问题。为更好地服务各行业，腾讯云在易用性和便捷性上不断寻求突破。

微信公众号、微信支付、小程序、企业微信、泛娱乐IP、腾讯广告和腾讯云，始终致力于为用户和行业创造价值不断迭代。于零售行业而言，七大工具不仅攻克了线下客流数字化的难题，实现线上线下渠道从前端到后端的融通，更为全域营销提供丰富的内容IP和触达方式。

在连接12亿最广泛C端用户的能力上，以"数字化助手"的心态和开放胸怀，为零售企业在数字化3.0时代以人为核心的赛道上全力助跑。这是腾讯以用户价值为依归，坚持长期主义理念的真实体现。

腾讯生态已经建立起坚实的零售数字化底层能力，以数字化用户为核心的转型升级已经拉开序幕，迎来厚积薄发的黄金时代。

第二节　C2B 式的"超级连接"战略

- 腾讯智慧零售的探索与前行 -

2017 年 12 月，中国零售业并不冷清。腾讯以投资的形式牵手永辉，在商超领域落下一子。紧接着不到 3 个月，腾讯先后投资家乐福、万达商业、海澜之家和步步高，出手之紧密、投资规模之巨大，在零售业以往并不多见。

业界首先颇感意外。腾讯何以一改低调作风，高调入场零售业？是要亲自下场操盘，入局零售业，还是要再打造一个"盒马鲜生"？种种猜测莫衷一是。

其实马化腾在 2017 年底腾讯全球合作伙伴大会开幕前的《给合作伙伴的公开信》中，就谈到了腾讯入局零售的动机："腾讯即将以'去中心化'的方式以及全方位的平台能力，为广大商家提供一个更为包容、创新和具有可持续性的智慧零售解决方案，持续地赋能广大品牌商、线下零售平台以及商业地产等相关机构。"在 2018 年 4 月"互联网+"数字经济峰会上，他再次阐明腾讯要成为各行各业的数字化助手，扮演连接器、工具箱和生态共建者的角色。

这意味着腾讯不是要自己下场，打造企鹅版的"盒马鲜生"，也不是要换血式地重新改造被投企业，而是基于对零售行业数字化升级的挑战和潜力的预判，立足发挥 C2B 连接优势的决心，以包容开放的态度，帮助零售商实现数字化升级或转型。

这种包容开放的态度和布局，从腾讯入股零售企业所占股比，就可以看出端倪。除在永辉云创占15%股权外，[1] 腾讯投资的零售企业占股都在5%左右。这与亚马逊收购全食超市100%股权，阿里巴巴控股大润发有着本质差异。以小比例投资方式保持被投企业的主体性，双方的合作主要围绕业务展开，这符合腾讯只做数字化助手，而非行业颠覆者的定位。

但是，腾讯到底该如何赋能，又能够带给行业何种价值？不论是零售行业还是互联网行业都期待与困惑并存。发力零售行业之初，腾讯甚至都没有负责零售业务的主要部门。

所有疑惑在2018年年初，伴随腾讯智慧零售战略合作部的成立逐步解开。以此为标志，腾讯正式"下场"，开始了对合作企业的"贴身服务"，去理解企业的需求和零售生意的每个环节如何运转，再从合作伙伴的角度推动腾讯各个产品线的配合，共同探索智慧零售转型升级的方法论。

于腾讯内部而言，这意味着跨部门的资源调动与协作；于服务的零售商而言，这是调动企业完成系统性转型的"CEO工程"。智

---

[1] 永辉超市在2017年12月11日晚间发布公告，林芝腾讯科技有限公司拟通过协议转让方式受让上市公司5%股份，同时，腾讯拟对公司控股子公司永辉云创科技有限公司进行增资，拟取得云创在该次增资完成后15%的股权。

慧零售战略合作部要摸索出能为零售商创造实际价值的方法论，降低零售商与腾讯沟通和合作的门槛，实现极度便利的触达、转化和交易。

永辉超市以小程序商城为先导，是最早试水智慧零售合作的零售企业之一。腾讯团队驻场永辉，与之并肩战斗，在运营、产品、开发、商务、市场等方面给予定制化贴身指导。双方一次又一次地对小程序进行打磨和迭代，研究其各种新功能和玩法；一起实践如何高效运营微信社群，提升转化；运用数据化分析为卫星仓选址，在门店普及扫码购；一起进行消费者调研，分析人群画像，打通多方数据来指导运营决策……凡此种种，不胜枚举。双方结下了深厚的友谊，也摸索出具有腾讯和永辉特色的增长方法论。

随后，沃尔玛、步步高、优衣库、海澜之家、绫致集团、百丽、丝芙兰、屈臣氏、M.A.C等，纷纷与腾讯开展合作，甚至对新渠道向来谨慎的一些奢侈品品牌，都开始尝试与腾讯合作。腾讯与零售商、品牌商一起，探索如何满足消费者全时全域的需求；如何最大限度调动一线员工的转型积极性；如何突破门店的时空限制，在微信生态中建立新的接触场景；如何提高门店的数字化程度，创造线上线下融合的新消费体验……这些不断涌现的新灵感、新尝试，在零售数字化转型的大江大河中持续奔腾前行。

行业要实现数字化转型，工具是必备的基础设施，但更为核心的是"言传身教""授人以渔"，让工具和方法论创造实际的增长和价值。腾讯智慧零售推出的"倍增计划",见图2-2-1所示,提炼出行业流量的共性,基于商家需求和痛点,创造性地开发了多门针对性课程,帮助商家运营好私域流量,把小程序、导购、社群等盘活,让商家自行"造血",在微信生态中实现可持续的生意增长。

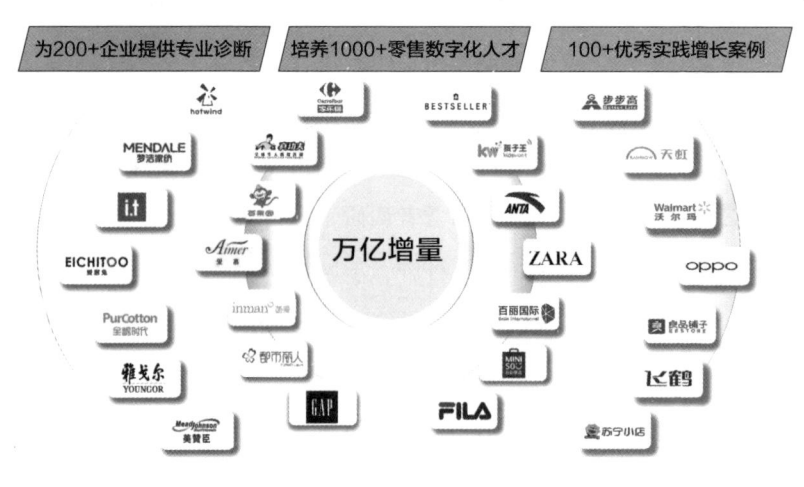

图 2-2-1　腾讯智慧零售倍增行动"211工程"

这种"反客为主"的转变不仅为智慧零售团队打开了思路,更能让零售商直接感知腾讯方法论的应用效果。智慧零售团队"培训"与"陪跑"双管齐下,一方面通过课程培训授之以渔,另一方面在通用方案的基础上贴身服务,深度咨询,帮助客户实战实践,追踪验证实际效果。

经过一年多的探索与迭进,腾讯的"助力"路线也逐渐清晰起来。

沃尔玛中国电商负责人陈志宇在回忆与腾讯智慧零售团队并肩合作的经历时，惊叹于腾讯的快速反应，"短短几个月，就完成了小程序开发以及多个小程序合并，远远超出了我们的预期"；而丝芙兰亚洲区总裁胡伟成（Benjamin Vuchot）则感慨，"与腾讯智慧零售的合作，更加在战略上深度了解了如何进行数字化转型"；步步高董事长王填对于一起成长的过程，更是用"曙光初现"来形容合作对于步步高转型的意义。

零售行业初现的曙光，来自自营业态的完善，来自私域化用户的积累；来自线下业态客流数字化难题的破解和数字资产沉淀的实现；来自线上线下融通带来的消费者购物体验的提升；更来自运营成本的降低，销售与利润额的增长。正如腾讯高级副总裁、腾讯智慧零售负责人林璟骅在云与智慧产业事业群员工大会上所表示的："腾讯智慧零售的使命，就是透过数字化的工具，为客户带来实际的业绩增长。"

在2019年5月22日的"2019腾讯全球数字生态大会"上，腾讯智慧零售正式对外（完整）发布其战略布局和方法论体系，并将其定义为"超级连接战略"。腾讯智慧零售的完整发展历程见图2-2-2。

林璟骅曾做过如下形象描述：所有的零售场景都被触点包围，打通各类触点，让它们帮助企业把本来的零售业态做无限延展，这种"无限延展"就是超级连接的力量。

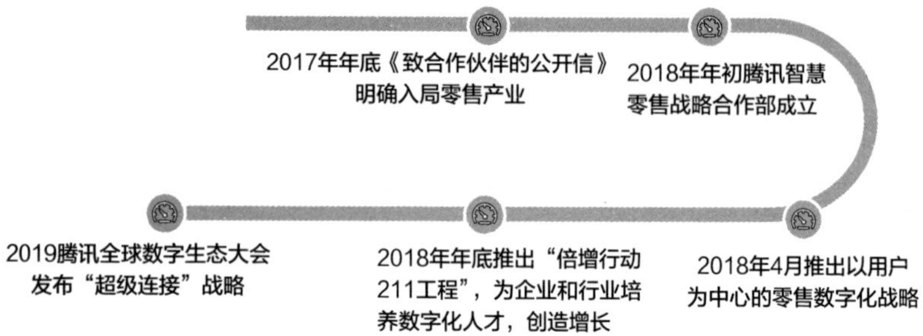

```
2017年年底《致合作伙伴的公开信》    2018年年初腾讯智慧
明确入局零售产业                      零售战略合作部成立


2019腾讯全球数字生态大会    2018年年底推出"倍增行动    2018年4月推出以用户
发布"超级连接"战略          211工程",为企业和行业培    为中心的零售数字化战略
                            养数字化人才,创造增长
```

图 2-2-2 腾讯智慧零售发展大事记

- 重新审视零售三要素 -

移动社交时代,人与场、人与货之间的关系,有了更进一步的想象空间。"人""货""场"从割裂走向融合。

首先,"人"的内涵更为丰富,不仅拥有自然属性,还具备数字属性,从物理空间向虚拟疆域延展。当消费者与零售商的连接从实体向"云端"延伸时,物理形态的到店不再是刚需。"云用户"成为"人"的一大标签。

"人"与"货"的关系在变化。在相当长一段时间内,线下门店的人货关联十分薄弱,对于"只控货不控渠道"的品牌商尤其如此。品牌商将产品分发至各线下渠道,并不清楚产品最终卖给了谁,购买的消费者具有哪些特征,更难以推动消费者再次决策购买。

但是"扫码"这个看似简单的动作,却解决了线下门店"人与货"关联的难题。尤其在食品这类高频消费领域,越来越多的品牌商通过"一物一码"的形式实现与消费者直连。为每一个商品贴上独一无二的"码",消费者每一次扫码都是一次数据的关联与沉淀。随着数据的持续积累,"货"与"人"联系更为紧密,并不断形成更准确的用户画像描绘,完成"从货到人"的数字化路径。

而当数字资产积累到足够多,就可以依托对消费者的需求分析,实现"从人到货"的供应链管理——以消费者需求反向组织供应链,优化选品甚至主导生产,实现更大规模的C2M定制化。

"人"与"货"的融合,让线下客流变得有迹可循,以"货"找"人"和以"人"定"货"成为可能。

"人"是"场"的延伸。围绕"人"本身产生的社交裂变,成为新的"场"。拼团模式就是典型,零售商完成后端供应链建设,统一选品,构建运营机制;团长在前端通过社交分享激活各自"朋友圈",基于人格信任状完成销售转化。每一个"人"完成一次分享、推荐和销售,都意味着"场"实现了一次真实的无界延展。

官方导购带货也是典型,原本"场"内离消费者最近的导购,也成为最重要的新触点。借助小程序、微信社群等数字化工具,导购在门店可以高效实现与到店消费者的连接建立,以便进一步持续沟通,增加黏性、复购率与忠诚度;在线上,导购以社群运营拉新,裂变新用户,促成线上购买或引导到店实现转化。

所有这一切,都打破了"场"的空间和时间的局限。线上线下的融通,让实体门店的销售经营延伸至线上。24小时不打烊,满足了消费者闭店时间的购物需求。

"人"和"场"的融合，重新定义了场的存在方式和疆域范围。场的疆域因此更为辽阔，也带给了零售商更多的获客方式和生意机会。

人与货、人与场的不断交织和加速融合，展现出新的行业特质：以人为中心，不断裂变新的触点，围绕新的触点又不断衍生新的业态。人、货、场三要素关系见图2-2-3。

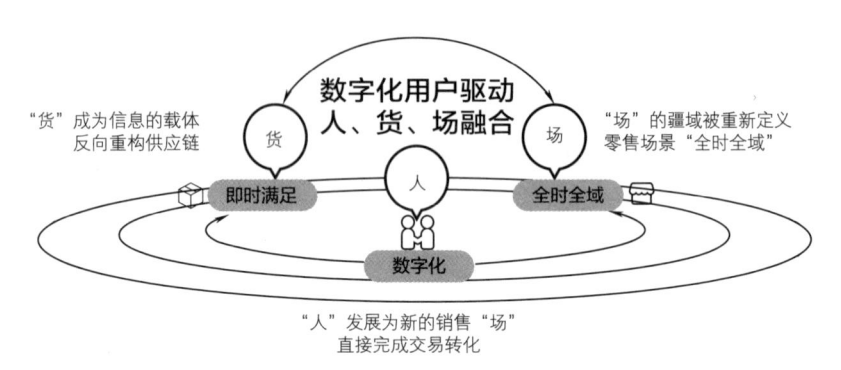

图 2-2-3　重新审视零售三要素

腾讯智慧零售"超级连接"战略，鼓励零售企业突破固有的思维，把人、触点、业态作为基础要素和全新视角，重新审视和理解零售进化的下一步。

从"货"的角度向"人"的角度转变。让"客流 × 转化率 × 客单价 × 复购率"的公式，不仅在平台电商得以应用，也被运用到微信生态的导购、社群、小程序官方商城等业态中，更要突破线下客流数字化的难题，在线下的各种业态中也得以实现。要基于大数据，挖掘更精准的用户洞察；以数据为基础，指导生意决策。在"人的数字化"的赛道上，目前大部分零售商都在同一起跑线上，未来的行业引领者必定在人的数字化积累、触达和运营上都持续领先。

从"流量思维"向"触点思维"转变。"流量"是 PC 互联网的产物，在零售中集中表现为零售商和流量平台的博弈，零售商需要通过更大的成本投入争取更好的资源，以"大流量增加转化可能性"的打法促进业绩增长。流量思维在互联网的"上半场"，借助互联网用户的增长红利，带来了电商的繁荣。但是在流量成本越来越高的互联网下半场，这种粗放式的运营模式，极易让零售商陷入"大流量、低转化"的投入陷阱。

"触点"也并非新生概念，一直存在于零售的发展历程中，门店、店员、电商客服都曾作为零售商与消费者连接与沟通的重要触点。这些触点与当下所谈论的触点差别在于：是否围绕消费者形成全场景"包围"，是否以数字化触点来形成数据积累和用户资产沉淀。在腾讯生态构建的"超级连接"体系中，包含超过 60 个可运营的数字化触点，包括以公众号、订阅消息为代表的线上触点，以扫码购、智慧屏幕为代表的线下触点，以导购、微信群为代表的社交触点，还有以社交广告、IP 内容为代表的商业触点。

"触点思维"是指每一个与消费者连接的触点，零售商都可以进行深度和持续经营，不断地自主造血，创造可持续的私域流量。例如：微信公众号这个触点，通过不断设计和优化发送频次、发布时间、内容质量、交互设计等，可以提高打开率、降低掉粉率、提高分享率，稳定地为小程序商城导流变现；在不同场景下运用好微信广告这个触点，则由以往单向度的宣传，变为"长期牵引"的过程；社交礼品卡这个触点，可以通过设计美化、调整优惠力度和送礼机制等，提高裂变分享的概率；门店扫码购触点，可以在店内缺货断码的时候，把客流引导到线上小程序商城购买，避免了客流的流失……

"零售即细节"（Retail is detail）。如此种种，将微小而具体的"60+ 触点"，发展为全时全域、全场景触点的有机组织，这些微小细致的运营细节提供了新的经营思路。

从"业态分散"向"业态融通"转变。业态是稳定的经营形态或销售形式。大部分零售商目前都拥有多个业态，例如商超行业的典型企业永辉就拥有社区便利店、3公里外的大型综合超市、足不出户的到家等不同业态。随着消费者的变化、行业和技术的发展，新的业态会源源不断地产生。在腾讯生态的众多触点中，每个企业可以根据自身的特征，选择适合自己的触点组合，固化成稳定的、可持续经营的新业态。小程序官方商城、官方导购、超级社群是普适性较高的三大新业态。

未来的零售，必定是线上线下、新旧业态相互融通的。承载用户不同场景下的消费需求，不同的业态之间相互配合，对用户形成全场景、全时段的包围，构建更加密集和多元的消费场景。它不仅能够更加高频次地触达消费者，而且能够打通业态之间的数据，全盘了解其消费偏好和购买路径，可以实现在不同场景下的需求推荐，于每个业态中匹配用户真实所需的资讯、商品与服务。

人、触点、业态共同描绘了零售的全新图景——以"人"为核心，围绕"触点"进行持续连接，包裹更完整的消费场景，以形成业态的多样性和相互融通，见图2-2-4。这也夯实了"超级连接"指数级增长模型的发展基础。

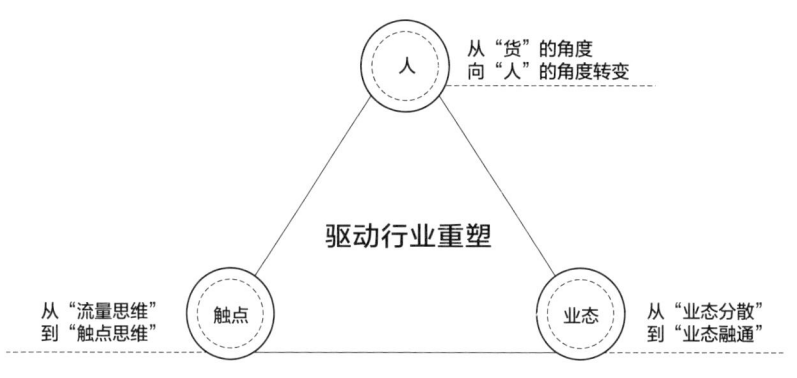

图 2-2-4 人、触点、业态驱动行业重塑

- 连接驱动增长 -

智慧零售的"超级连接"战略，与腾讯产业互联网的C2B式

连接一脉相承。然而，何为连接的"超级"？"超级"的能力又源自何处、指向何方？

超级，来自腾讯这一"超级连接器"的赋予。

首先，以微信为代表的腾讯生态，拥有无可比拟的连接规模和用户理解。其拥有的用户群体超过12亿，几乎涵盖中国所有移动互联网用户，是使用最为高频的社交平台，用户每天有大量时间在微信上"生活"。它还有最丰富繁茂的生态系统，不仅包括腾讯内部的视频、音乐、游戏等，还涵盖腾讯外部的合作伙伴、被投企业和各类第三方公司。

同时，微信的便捷性让"规模"以一种轻盈的方式得以展现。其构建的超过60个广泛而开放的触点，让消费者与资讯、服务、商业的交互极度便利。最后，根植于腾讯"去中心化"的开放连接，许多"智慧在民间"的模式创造，成为整个生态不断向前发展的内生动力，也是"超级连接"合作与开放的价值基础。

所谓去中心化，是指在微信生态内建立自营业态，将对用户洞察的"硕果"牢牢掌握在自己手中，不再面临"平台二选一"的尴尬处境。正如林璟骅对这一价值的阐释，"将与用户的互动和用户的所有权，重新交回到零售商手上"。

腾讯生态在消费互联网时代积累的优势与价值，在服务产业互联网时，便是从"连接"到"超级连接"的延伸，让"超级连接"战略给零售商带来了与其他平台不同的独特价值。

零售的本质就是商家通过各种手段"连接"消费者，进行人货匹配。零售的发展，是离消费者越来越近的过程。零售业已经从依靠信息不对称的"混沌时代"，转变为更加透明的"扁平时代"。从前，商家凭借产品和价格的差异，就可以脱颖而出掌握主动权；如今，产品和价格的同质程度不断上升，商家竞争激烈，消费者获取的信息和知识也越来越丰富，主动权渐渐落入消费者的手中。单一、单向的媒体广告，难以具备以往的轰动效应；直播、评论、导购这些商家与消费者可以直接对话的路径，反倒成为越来越受欢迎的商品推荐与触达方式。

在这样的环境下，商家想要脱颖而出，就要更"懂"消费者，要以消费者为核心，而非以货为核心。

然而现实中，许多"以消费者为中心"的生意公式，都是一厢情愿的"空中楼阁"，在实际操作的过程中面临层层障碍。一方面，零售企业的线下门店客流数字化的程度低，像平台电商一样百分百"数字化"地识别、积累、分析、运营进店客流仍难以实现，同样也无法对每单交易贡献进行准确的归因，厘清触达、认知和转化的完整路径。另一方面，线上生意高度依赖第三方电商平台，这在某种程度上意味着，零售商难以拥有对用户和数据的完整所有权，以及选品和定价的绝对自主权。为了满足不同平台要求，零售商必须不断权衡利弊。而电商平台的统一规范，限制了零售商的许多自定义玩法，无法更好地满足消费者的个性化与即时性需求。

超级连接战略,主张用"触点管理"的方法激活线上、线下、社交、商业四大类腾讯生态内的触点,帮助零售商高效率、私域化、有温度地直连用户,让客流识别和积累变得简单高效,让每个触点的客流转化漏斗变得清晰可见,提高"人"的全渠道数字化触达和运营能力。

通过"超级连接"战略的赋能,零售品牌和企业可以补齐线下客流数字化的短板,建立微信生态中的私域业态,获得业绩的实质性增长。它前所未有地拉近品牌商、零售商与消费者的距离,让"以人为核心的生意模式"变得触手可及。

如果零售商想让门店的数字化运营水平追平电商,像平台电商一样实现百分百数字化的客流识别、积累、触达、分析和运营,则可运用扫码购、一物一码、智慧大屏等线下触点。例如蒙牛这样的品牌方,可以将"瓶身"化作触点,通过"一物一码",在2018年世界杯期间,积累了超过7100万数字化用户[1]。沃尔玛等超市通过在门店普及扫码购,在短短的几个月内便积累了几千万的数字化用户。

如果零售商面临增长瓶颈,想要寻找新的业绩增量,可以运营适合自己的触点,连接消费者,以微信生态为核心构建私域业态,快速"造血",积累流量,再高效地转化变现为实际的销量增长。

[1] 数据来自《哈佛商业评论》评选的"2018年度零售业数字化案例榜"。

以小程序官方商城、官方导购和超级社群为代表的"自营业态"构建了零售商新的"自留地"——可以在这里打造个性化玩法、自主安排营销策略、沉淀私域化用户……重要的是，零售商对沉淀的过程与结果有着绝对自主的控制权。优衣库、妍丽、完美日记、梦洁、绫致、百丽、安踏、屈臣氏、钱大妈、步步高、海澜之家等，越来越多的企业，正在借助"超级连接"成为与消费者关系更为密切的零售商。

无论是门店数字化程度的提升，还是私域业态带来的新增销量，对于零售商而言，都是实实在在的增长。超级连接战略高效率、私域化、有温度的特征，贯穿于数字化用户的识别、触达和运营的完整过程。小程序、导购、社群等高效率地融通线上线下，随时随地与消费者直接互动，提供消费者心仪的商品和服务，形成转化与交易的短链闭环。"去中心化"的价值在于把自主权交还到零售商手上，用户和数据都是零售商自主拥有的私域数字资产。"超级连接"的强社交属性和丰富的 IP 内容让连接和运营更有温度。

超级连接战略模式图如图 2-2-5 所示。它带着为零售商创造价值的使命，在以人为核心的赛道上做出独特贡献，推动行业的数字化发展，创造"万亿增量"。行业需要以毫无历史惯性的心态来审视新业态和零售新范式，更需要抓住这一轮连接契机，彻底攻克人、货、场三要素中最难的"人的数字化"，建立起以用户为核心的生意模式。

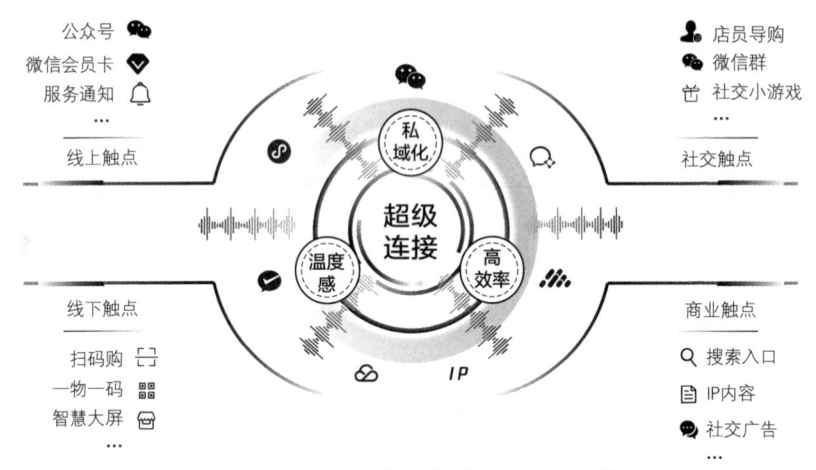

图 2-2-5 腾讯智慧零售"超级连接"战略

于企业而言,该如何执行呢?

接下来的三章,将围绕"数字化用户""数字化触达""数字化运营"三部分展开详尽阐释。

数字化用户:如第一章所述,在全球范围的零售商探索"全渠道用户数字化"的进程中,"线下客流数字化"一直是亟待解决的难题。相对于基于互联网能力的线上用户数字化资产沉淀,越来越碎片、离散的线下消费却缺乏相应的数据收集的数字化工具与能力。但是现在,通过扫码购、一物一码等触点的运营和其他 SaaS 工具的使用,零售商可以对线下业态进行系统的数字化改造,与每日擦肩而过、面目模糊的门店消费者重新连接,以实现数字化用户的高效积累。

数字化触达：面临流量瓶颈的零售商急需寻找新用户增量。依靠微信生态，零售商建立起以小程序官方商城、官方导购和超级社群为代表的三大新业态，激活私域流量、积累私域用户。借助微信生态庞大的用户群体，零售商可以触达更为广阔的潜在顾客群，实现闭店时间的持续经营。这种"全时全域"的延伸，构成了新的增量来源。

数字化运营：零售商的一方数据与腾讯大数据结合，从用户洞察、分析、触达、服务到门店的选址和经营，再到商品的生产和供应链管理等，零售的各个环节不断基于数据进行调整优化。"全链路"数字化管理，通过数据智能挖掘用户商机、指导经营决策，不再是一纸空文。

理清"数字化用户""数字化触达""数字化运营"的发展脉络，有助于更深理解腾讯智慧零售的"超级连接"战略如何帮助零售商解决痛点，带来实质性增长。

第三章

数字化用户：

让线下的生意清晰可见

引言

　　许多零售商早期都选择从线下门店起家，虽然之后电商高速发展，但线上零售交易额也只占社会消费品零售总额的 20% 左右，[1] 绝大部分零售交易依然产生于线下。

　　而在数字化程度上，如今的线下门店像一座座数据孤岛，在客流数字化、数据中台等方面，能力都远远落后于电商。线下的生意无法像电商一样清晰可见，这是行业一直难解的课题，也是制约线下业态精细化发展的瓶颈。

　　移动支付的发展和扫码的普及，为线下客流数字化带来了曙光。腾讯智慧零售逐渐摸索、总结出越来越多的 SaaS 解决方案，也在

1　国家统计局发布的《中华人民共和国 2019 年国民经济和社会发展统计公报》显示，2019 年全年实物商品网上零售额 85239 亿元，占社会消费品零售总额的比重为 20.7%。

不断开发更多 AI、AR 等技术应用，为线下渠道的数字化程度带来"质"的飞跃。

借助腾讯的能力，广大零售商已经能够逐步像电商一样，将消费者从到店到离店的轨迹沉淀下来，一点点接近 100% 客流数字化的目标。未来希望每一个实体门店、每一家物理空间都成为可以实时与消费者互动的 App，成为实时与消费者连接的触发器。这对于未来的线下商业，将会是巨大的颠覆和重构。

第一节　线下客流数字化的瓶颈与进化

7-11 创始人铃木敏文在《零售的哲学》一书中提到，在日本经济陷入低迷、市场竞争激烈的时期，他曾采取"进攻型经营"策略，鼓励员工主动接触客户——由于当时尚未进入系统的数字化时代，效率工具缺失，加盟商和员工只能"人肉"拜访附近商圈的客户，一一询问需求，进而优化产品与服务。

这种"人肉"式的用户识别固然有一定的精准性，但效率极低。即便在今天，虽然线下门店在货品和交易的数字化上已有长足发展，但在用户的数字化层面依然面临挑战。

零售商都在不懈地追求获得增量（开源）和提升经营效率（节流）。这也是线下客流数字化的核心价值。

曾经有一段时间，零售商把获得增量的希望都寄托于平台电商的增长。但在平台电商流量增速趋缓、获客成本日益提高的情况下，越来越多的零售商将销售增量转移到移动社交平台，开始探索如何在微信生态中做生意，拼多多就是一个非常好的例子。

商户在去中心化的微信体系内做生意，流量从哪里来？除了公众号流量、广告购买的商业化流量和社交裂变获得的指数级流量，线下客流也是其最重要的来源之一。因为用户在线下体验过品牌的人性化服务，对品牌已经建立认知，这个时候可以通过客流数字化的方式，不断地把用户拉到微信平台。在云端更高效、低成本、有温度地不断触达用户，提升用户生命周期价值。这是在移动互联网环境下，突破门店物理空间限制，有效创造增量的一种方式。所以门店客流数字化的一个重要价值，在于帮助商户沉淀更多流量到自有流量池，通过持续的用户运营创造销售增量。

客流数字化的另一个重要价值，是提升门店的经营效率。电商的确比线下门店的利润高，一方面是节省了固定资产的投入，另一方面也得益于其较高的经营效率。平台电商的人、货、场数据较为集中且完整，用户的购买转化路径有迹可循，数字化的触达和运营方式提高了获客和转化的效率，大大降低了经营成本。

那线下门店的情况是什么样的呢？

传统线下门店的数字化程度一直落后于平台电商，人、货、场的数据虽然也在部分系统性地收集，但是相当割裂。商家很难知道诸如"每天有多少用户""用户何时进店""用户是什么人""进店后干什么"等信息，往往只能依靠手机号码、POS机消费记录等零散数据，尝试去勾画具体的用户形象，面对更完整消费路径的用户数字化，依旧表现得束手无措。

如果门店的客流数字化程度能追平电商，帮助商户更多地沉淀线下数据，了解用户在门店的行为，再利用AI等技术分析，就可以有效驱动经营决策优化，比如规划门店陈列、提供更好的服务、更精准地触达顾客、实现人货匹配等。

但实现线下客流数字化不止于此。究竟什么才是这个时代线下门店真正的"客流数字化"？腾讯高级副总裁、腾讯智慧零售负责人林璟骅，曾在"2019腾讯全球数字生态大会"上有过一个精准提炼："客流数字化"的本质是让线下生意清晰可见，将用户变成企业的数字资产，实现用户的可识别、可追踪、可运营，从而提升零售的效率和体验。

以用户的"Aware-Interest-Purchase-Loyal"（认知—兴趣—购买—复购，简称AIPL）消费路径为线索，完整的"线下客流数字化"应该贯穿始终——在AIPL各阶段，在保证用户隐私的前提下，企业都能主动收集门店数据，沉淀为数字化资产，并以数据为支撑，实现对行为的识别与追踪，辅助企业做出更有效的商业决策，构建更主动的数字化战略。

成为数字化用户的"记录仪"与"传感器"并非易事，客流数字化之所以是行业一直难以攻克的难题,正是因为技术、认知和组织等层面有着诸多困难需要克服。

早期门店尝试依靠传统POS机和CRM系统解决这一难题,但往往只能"捕获"很小一部分到店用户,且这些点状数据依赖于交易行为,不具备与用户建立持续交互的条件。后来一些企业逐渐开始尝试自研工具,但考虑到软硬件投入成本较高,消费者操作难度大,并且后续还需对动线、货架、标签等进行系统性改造,无法确保短期内获得高额回报。更困难的是,不同门店之间,前端客流与后端供应链之间的数据如何打通,才能形成较为完整闭环的数据结构?企业内部运行的多个新旧软硬件系统,又如何将相互独立的"数据孤岛"实现整合?种种的技术挑战,让零售商对在所有门店推进规模化的数字化转型望而却步。

很长一段时间内,国内外零售商都在探索是否有低成本、易操作的可规模化技术,直到移动支付和扫码的普及,给这一理想的实现带来了曙光。

技术门槛仅是阶段性问题之一,"认知"的阻碍则更需要企业靠自身来突破。就在这几年,快时尚巨头优衣库发布"有明计划",步步高集团宣布"数字化转型战略",名创优品提出"科技名创战略"……越来越多的零售商意识到,数字化不是"锦上添花",而是"战略选择"。但零售业的数字化认知仍如"二八法则",20%的头部企业正奋力探索,其余的80%则尚未完全认识到其重要性,或观望，或无视。

企业内部线下部门与线上部门竞争激烈，在资源有限的情况下，是否具备投资线下门店数字化的长线眼光呢？企业管理层在大力推进数字化转型时，依然习惯用传统方式管理门店一线员工，是否能意识到客流数字化的重要性，接受新工具的使用和新工作习惯的养成呢？

除了认知问题，企业还需要解决组织问题。比如不少品牌涉及加盟商的管理，总部与加盟商间的组织关系松散导致利益纠葛，那么在数字化改造中还能否推动加盟商配合？线下数字化改造过程中，总部是否存在与加盟商争夺客户与利益的可能？这些疑虑都被加盟商视为潜在威胁，也往往导致其配合度大打折扣。它们或许会担忧线下客流数字化是为线上作嫁衣，对线下门店价值不大，与自身更无干系。

在企业内部不同渠道之间、高层与一线之间也面临着极大的"组织架构"束缚。客流数字化需要自上而下的系统化改造，这个过程中组织问题不可小觑。

那应该怎么做才能规模化地实现门店客流数字化呢？

首先，技术手段的有效应用和持续升级，是客流数字化的硬件基础，决定着线下门店连接、识别和追踪消费者的能力。利用数字化技术和工具，系统性搭建线上线下触点，实现不同场景中的用户连接。比如在消费者到店时，门店内的扫一扫、智能硬件等触点，通过创意与设计，使触点本身承载的内容与消费场景相匹配，实现与用户交互的同时留下行为偏好等客流信息。以电子互动屏幕这一触点为例，当放在货架周边时，它可作为"虚拟导购"，为用户提供商品导览的同时了解选购偏好；放在收银台旁，可在顾客排队结账时增添注册会员的功能，留下会员信息；放在餐饮区，它可提供点单、互动游戏等服务，增加等待的趣味性。分析线下丰富的数据后，在运用线上多样化的触点触达和运营用户时，便能够更精准、更"走心"。

其次，自上而下的组织变革，从根本上保证客流数字化付诸实践。组织变革的艰难在于多方利益的博弈产生长期的拉锯战与内耗。因此，企业领导人要成为"第一推动者"，以在组织内的权威，打破部门间的割裂与对立，统一组织内部对数字化的认知。通过调动整合不同部门、业务线的资源，甚至成立独立部门，基于系统性协作推动改革实践。以绩效体系重构革新利益分配机制，是推进客流数字化必不可少的环节。KPI（关键绩效指标）的设计要考虑纳入私域化用户积累、线上线下协同等指标，系统性衡量数字化改革的成果。涉及加盟商的企业，还要在组织层面上解决加盟商的顾虑，比如通过示范打样，让加盟商感知到数字化带来的实际好处和价值，再进一步推广到所有加盟商中，与总部实施数字化改革的动作统一。

客流数字化是商业模式的进化和企业战略的升级，是从"单店盈利"到"单店+单客持续盈利"的变革。面对转型中的技术、认知和组织问题，需要有长线的眼光和终局的思维，有整体重塑的决心和魄力。率先实现线下客流数字化程度追平电商的企业，方能在零售数字化的赛道上领先对手，赢得全渠道融通运营"最终战场"的入场券。

第二节　技术和工具的发展与演进

客流数字化的难题并非一朝一夕可以破解，业界无数次的尝试均受挫，直到移动支付的出现，才看见了破局的希望。以微信支付为代表的移动支付，逐渐成为零售行业最普遍、最基础和最不可或缺的工具之一。后来扫码购、一物一码、AI、AR、VR（虚拟和现实相互结合技术）等技术和工具如雨后春笋般，不断突破并延伸出更丰富的"解法"。

技术和工具的演进与发展，就是通过反复实践，验证出有效的、体验好、效率高和具备行业通用性的解决方案的过程；是让"AIPL"消费路径各阶段都能实现"客流数字化"的过程。

- 移动支付：高效便捷的破局关键 -

在移动支付手段尚未问世时，线下门店大多依靠POS机，在交易环节获取消费金额数据,但依然无法了解消费者更立体多维的行为、偏好等信息。移动支付改变了这一局面。以依托微信生态用户连接能力的微信支付为代表,重新诠释了支付在零售中的价值和地位。

2013年微信支付上线,经过几年时间的国内市场渗透,快速成为最为普及的移动支付方式之一。其从购买交易环节切入,让门店与用户消费行为无缝连接,成为关联门店、用户、商品、地点和时间等要素的行业基础工具。

微信支付帮助零售商实现"货"的数字化,也自然完成了"人"的信息关联。移动支付对C端用户而言具备操作便捷、学习门槛低的特点,使用几次便能接受和习惯。站在B端的角度,移动支付大大提高了收银效率和顾客留资率,且技术门槛不会太高,员工上手快,硬件成本也在可承受范围内。

随后,微信支付持续推出了更多的功能,进一步拓宽能力边界,"支付即会员"和"扫码购"等都是其中的典型。

以"支付即会员"为例,用户使用微信支付,完成交易后自动成为品牌的会员,省去传统会员流程烦琐的纸质或网页式的信息登记,不仅用户体验更便捷友好,而且节约店员时间成本,提高门店经营效率。

用户在购买商品时,通过"扫码购"的功能扫描商品条形码或二维码价签,便可以直接跳转到线上下单。"扫码购"线上线下融通的能力,为不同的消费场景提供了多样的服务方案,解决许多行业的长期痛点。比如在商超场景，用户随买随扫，线上结账，避免长时间排队，提高收银效率；而在服饰门店，能够解决店内商品缺货断码导致客户流失的难题，消费者只需要一键扫码，就能跳转线上商城购买享受送货到家服务。

"扫码购"解决了商家的经营痛点，也满足了用户的需求。低门槛的扫码体验和低成本的规模化适用，让"扫码购"逐渐成为各垂直行业的标配工具。除了"支付即会员"和"扫码购"，微信支付并未止步，随着用户和商户的变化不断进化，还上线了"刷脸支付"等功能。

移动支付让交易不再是用户与商家"接触"的结束，而是通过客流数字化重新开启新的连接和服务。"支付即会员""支付后关注公众号"等将线下场景与线上服务关联，将线下的顾客引导至线上小程序、公众号等进行留存，夯实线上阵地，从而建立与用户的长期连接。基于客流的一方数据和腾讯的三方数据结合，更为后续千人千面的精准推送、关联促销推荐、评价提醒、会员召回等个性化营销和服务提供基础。

- 一物一码、AI 和 AR 等技术带来更加多元有趣的解决方案 -

微信支付解决了购买环节的留资，一物一码、AI 和 AR 等技术的应用，则进一步挖掘认知、兴趣、购买和复购环节的留资潜力。

腾讯智慧零售的优码、优 Mall、优屏等 SaaS 产品，则是把先进技术落地到零售行业的典型范例。

"优码"的应用集中在快消、酒水等品类。这些品类并不直接拥有线下的卖场销售终端，投入到门店的营销费用不仅难以确保被最大化使用，也很难与门店的顾客直接关联，沉淀为品牌的私域用户。如果遇到假货、窜货等问题，更是无从下手稽查追踪。

"优码"为每个商品赋予独一无二的数字 ID（身份标识号码），依托"一物一码"的技术，帮助没有直营销售渠道的品牌，突破与消费者之间的界限，实现与消费者的精准直连，让目标消费者可连接、可洞察、可运营。扫码配合抽奖、为偶像点赞投票等互动玩法，增加营销趣味性的同时引导顾客留资。活动沉淀的消费行为数据，基于人群、偏好、商品等多维度的分析，可以为后续营销活动的精细化推广和二次触达做准备，带动复购、提升销量。在抽奖的时候，"优码"还支持实时营销风控，可以拦截羊毛党，减少无谓的营销支出，最大化利用营销资金，提高营销经费的回报率。整个闭环既达到开源节流的效果，又能积累有效信息，沉淀为私域用户和数据，与供应链的数据进行融合分析、融通管理。

AI 技术已经从实验室走进了线下门店。特别是人体识别、语音识别、手势识别等技术，随着商用化的发展与实践，在保证用户隐私的前提下，能够对门店内的目标人体（人群）进行匹配与追踪。此外，还可以通过对消费者体形、着装、配饰等进行识别，形成结构化的个体数据，从而了解场内每天的客流规模、进店顾客画像、进店时间、进店后行为等信息。

"优Mall"是"AI技术+大数据分析能力"应用到零售行业的典型产品。许多购物中心和门店都有"客流动线的识别和分析"需求，希望了解顾客在场内的行为路径，从而优化场内陈列和动线，提升购物体验和销售额。

例如一家服饰店，通过"优Mall"发现进店客流中女性占比50%以上，但女款服饰的销售额却只占到30%。这一数据促使零售商开始反思和转变，增加了30%女款SKU，女装区的陈列也更契合女性购物的心理，增加暖色系的服饰。一个月之后，该门店女款销售增长40%，整个门店的销售业绩提升20%。AI技术在零售场景的应用，帮助零售商最大化识别"认知"和"兴趣"环节的客流，结合大数据分析，为业绩增效。

除了AI技术，AR、VR技术也给零售行业带来了丰富的想象空间。其实，在游戏行业，AR技术早已得到较为广泛的运用。随着5G落地，信息传输速度有了质的提升，各行各业都在想怎么能加速AR/VR这类技术落到线下不同场景。尤其是在塑造品牌、增强用户互动的趣味和体验上，AR/VR被寄予厚望。要达到以上目标，一方面需要深刻的用户和线下消费场景洞察，另一方面也需要找到合适的落地载体。腾讯团队进行多次调研和调试，克服实操中的困难，推出"优屏"这款产品。它借助丰富多样的大屏互动形式，把 AR 等技术运用到门店营销中。

例如，在商超内的冷门货架旁放置互动大屏，嵌入"AR 体感互动领券小游戏"，让消费者通过游戏获得价值不等的优惠券。强互动的特点可以起到很好的引流效果，带旺冷门区域，配合优惠券机制刺激消费者去相应货架购买对应商品，实现销量提升。实践表明，这种"促销 + 娱乐"的方式能让优惠券核销率实现 90% 以上，转化效果良好。

如果在美妆和服饰门店，则让消费者在互动屏幕中进行"AR 虚拟试妆"和"虚拟试穿"，省时高效地体验沉浸式消费。当下流行的"口红机"便是很好的应用示范，通过让消费者在互动屏上选择喜欢的色号，瞬间展示虚拟效果，不仅更加卫生，而且可避免反复脱卸口红，提升试装体验。消费者也可通过扫码一键调起小程序购买，快速实现交易闭环。

以上的种种黑科技从实验室研究到商业化应用，见图 3-2-1 所示，都是无数人努力的结果。它需要服务商、零售从业者付出大量的时间、努力，经过成千上万次的调试，才能达到相对理想的准确度。

无论是移动支付、一物一码，还是 AI、VR、AR，只有基于行业痛点和用户洞察的技术应用，才能最大化地释放技术本身的价值。只有当黑科技从业务需求出发，服务于用户和商家，才能真正实现事半功倍。

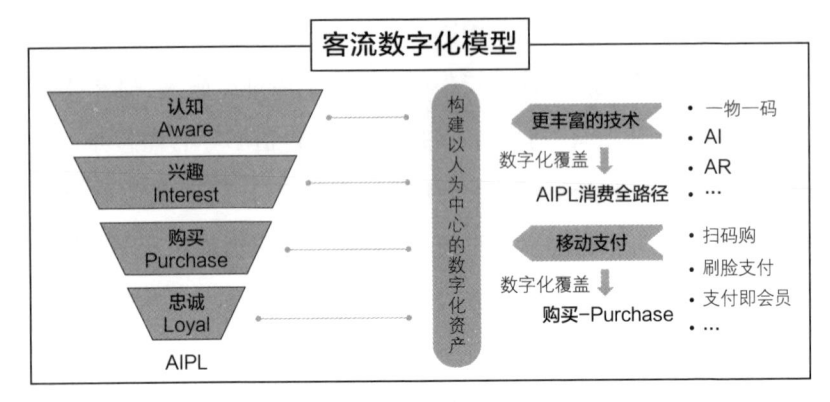

图 3-2-1　客流数字化技术和工具的发展

第三节　"移动支付与小程序"助力"从货到人"的数字化转型

2018年至今,腾讯智慧零售已经与众多零售伙伴合作,以"超级连接"为底层逻辑,共同探索"客流数字化"解决方案。在商超、服饰美妆、快消、购物中心等场景,得到零售商越来越广泛地认可与应用。

在众多案例中,沃尔玛在基于微信支付和小程序等工具的客流数字化探索与落地上,非常具有代表性。

入华24年的沃尔玛,发展态势在外资零售巨头中可谓一枝独秀。从1996年在深圳开出第一家大型超市,到如今开设超过400家门店,沃尔玛一直稳健扩张,成为在华最成功的商超类零售企业之一。

沃尔玛的成功离不开对数字化技术的投入。它是世界上第一家购买商业卫星，实现全球联网的零售公司，也最早建立了全球性的零售大数据网络。面对中国当下正在浪潮翻涌的零售变革，沃尔玛自然也不会缺席。过去沃尔玛绝大部分数字化能力的开发和应用，都旨在提升供应链运营效率，聚焦于货和场的关系以及以货为中心的数字化上。但现在零售行业的数字化转型，"整体趋势是'从货到人'的方向转。沃尔玛也更加关注在线下场景中，针对消费者的数字化应用"。在当时的沃尔玛中国电商负责人陈志宇的眼中，推动数字化"从货到人"，不仅是沃尔玛的数字化方向，也是整个零售行业的发展共识。

最直接的原因是消费者变了。零售行业离消费者最近，对消费者生活消费形态的变化也最早感知。移动社交让消费者的购买行为愈加碎片化、随机化，并习惯于跨线上线下的全渠道购买。谁能通过数字化技术理解他们并及时做出反应，提供恰当的产品和服务，谁就能先人一步。

沃尔玛在行业中率先开始用户数字化的探索：借助"扫玛购"、智慧屏幕等数字化工具，提升线下客流数字化的程度；搭建沃尔玛到家小程序，满足消费者无边界的消费需求；通过中台实现线上和线下的数据聚合，推动全渠道零售的发展。

沃尔玛迈出的第一步，是2018年4月上线的"扫玛购"小程序。上线短短半年时间内，"扫玛购"成为零售商超行业首个突破千万级用户的小程序，用户数超过 2000 万，累计访问量超 7.5 亿次。消费者在店内挑选商品时，可以使用小程序扫码付款，无须排队，随逛随买，效率得到极大提升。"扫玛购"实际上扮演了"线上虚拟购物车"角色，通过"扫码"将线下购物和线上支付结合，不仅带来更具效率的购物体验，而且可以经由扫码这个动作，完成人与货的数字化关联。截至 2019 年 10 月，"扫玛购"已经完成了在 180 多个城市、近 400 家门店的落地布局。每一次"扫码"都在完成一次数字化用户的积累，都意味着企业对消费者更加理解。

为解决消费者的"场外"消费需求，2019 年 5 月沃尔玛在全国正式上线"沃尔玛到家"小程序。只要消费者所在区域 3 公里内有沃尔玛或是"云仓"，就可以享受微信小程序线上下单、一小时配送到家服务。这是沃尔玛全渠道零售的重要尝试。

2019 年 9 月，沃尔玛借助智慧零售"云 Mall"团队和微盟等服务商的力量，进一步将扫玛购小程序和到家小程序整合，通过统一的"沃尔玛小程序"完成千万级顾客触达，并打通线上线下全链路营销。见图 3-3-1 所示。

当时，团队在一个半月内完成对旧版到家小程序的替换升级，在优化小程序性能体验的同时，兼容业务产生的新需求，确保系统稳定、高效、安全地运行；并且在 15 天内上线包含"微助力"、签到、限时抢券等活动玩法，快速对沃尔玛的大型营销活动需求形成支持。陈志宇说："我们感受到腾讯对于智慧零售的决心是非常大的，自上而下得到了关注。资源的配置都非常到位,团队充满了激情,也非常专业。在我们合作的过程中,短短的几个月内,(智慧零售团队)完成了小程序开发以及多个小程序的合并,快速地进行了技术迭代。"

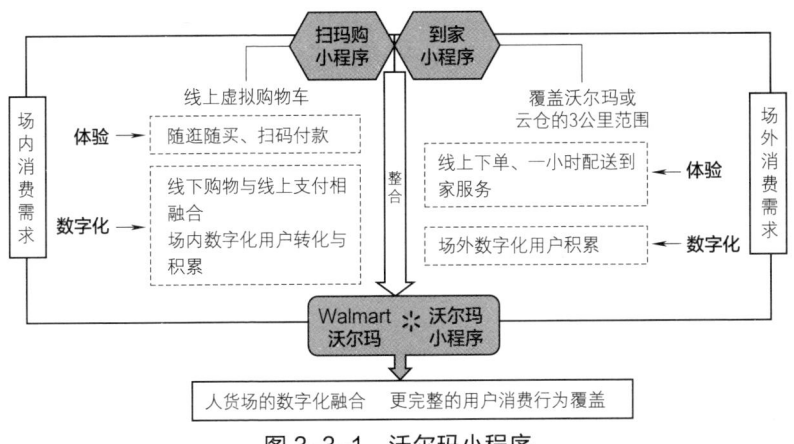

图 3-3-1　沃尔玛小程序

合并后的小程序可以根据消费者所处位置,自动选择主页是扫玛购还是到家。陈志宇回忆当时的场景,还原了将两个小程序合并的初衷:"合并到家和扫玛购,降低了获客成本和消费者的使用成本。更重要的是,它完成了人、货和场的配合,支撑更完整地理解消费者的行为。"

扫玛购和到家小程序的上线及整合,完成了第一阶段"商品获取类服务"的目标,同时也留存和融通了海量的数据,在保护用户隐私的前提下,沃尔玛可以持续对商超的运营做出有效改进。

比如通过对不同商品或品牌的关联性数据分析，可以发现某一品牌洗发水可能与另一品牌沐浴露有较强的购买关联。基于此，沃尔玛在制订营销计划时，便可以组合不同商品或品牌进行联合营销，促进连带销售。不仅如此，沃尔玛还可以分析不同品牌的新客、老客、留存等情况，针对高潜客户进行定向营销，或者针对客户潜在流失风险采取增强留存率的黏性运营。

陈志宇就曾透露过一个数据：沃尔玛围绕高潜客户和高关联品类采取上述针对性的营销策略，产生的互动领券率达到23%，不仅新品销售增长非常好，还带动整个品类销售增长160%。[1]

实现线下门店的客流数字化对于零售企业而言意义非凡。正是借助"微信支付＋小程序"，沃尔玛方可在对数字化用户的积累、触达和运营上举重若轻。

这一切并非一蹴而就，而是沃尔玛、腾讯和微盟等服务商通力合作，历经数十次产品迭代的成果。这考验技术能力，更考验组织执行力。

以扫玛购为例。沃尔玛中国科技部副总裁韩路介绍道，在产品迭代的关键阶段，沃尔玛科技部人员常驻一线门店，体验各个环节和流程，收集顾客和一线员工的使用意见。诸多细节的不断完善，

---

[1] 引自陈志宇《数字化流量助力传统零售企业转型》的演讲。

都是来自门店调研的真实反馈。扫玛购上线后，沃尔玛对门店从管理层到一线员工，都进行了具体操作方法培训，确保消费者在店内任何角落、无论遇到哪位工作人员，都可以获得帮助。

而在推进到家业务时，沃尔玛也表现出"过人胆识"：它决定直接在当时全国280家沃尔玛门店切换系统新版本。这一决策意味着要在基础平台尚未部署的阶段，零失误地完成一套千万用户级电商体系搭建和对接，一旦失误，对280家门店的到家业务的影响将难以想象。如此"大胆"且"难度极高"的合作，对沃尔玛、腾讯智慧零售和服务商来说，都是史无前例的挑战。

不过，双方团队认准了方向，并没有因为困难而轻易放弃。信心一方面来自沃尔玛在零售业的长期积累，另一方面则源于沃尔玛对腾讯和微盟等服务商在技术与执行上的信任。在沃尔玛内部，原来的"信息系统部"已经升级为"科技部"，专门负责对业务端提供强力技术支持。这个团队立足业务，挖掘应用场景，根据业务需求完成大规模的技术开发。如今"科技部"已是沃尔玛数字化升级的中坚力量，并与腾讯智慧零售强强联手，保障到家小程序成功切换新系统。"我们部门的战略，是'Unlock the leading technology to empower business innovation'，就是做好科技应用，用先进的技术来支持、赋能业务创新。"沃尔玛中国科技部副总裁韩路的信念也正来源于此：将技术与零售场景完美结合，并坚决执行。

对沃尔玛而言，这一切努力的目标就是如何更好地以数字化能力服务消费者。陈志宇总结过去一年多的工作，发现沃尔玛在数字化升级上已取得长足进展。仅从积累数字化用户的角度，截至 2020 年 6 月，沃尔玛已积累数字化注册用户超 6500 万[1]，客流数字化程度高达 50%~60%，成为行业中的佼佼者。而在公众号、小程序、微信支付及朋友圈广告等全触点运营模式下，"这一数字将在未来一两年内提高到 80%~90%"。

沃尔玛的探索，为线下客流数字化在零售商超行业的实现，摸索出了可供借鉴的参考模式。要将这一整套打法贯彻下去，则需要强大的技术能力作为支撑，将技术与场景相结合。门店客流数字化的进化之路道阻且长，沃尔玛已经走在路上。

第四节　技术创新带来"数字化用户"积累的多样化实践

技术的进步，为百分百客流数字化提供了更为多样化的解决方案。不同零售商与品牌商根据自身实际需求，选择不同的新技术，甚至将不同技术应用整合叠加，进行"AIPL"各个阶段的客流数

---

[1] 该数据由沃尔玛（中国）提供。

字化的尝试和落地。

如前文所述,以一物一码、AI、AR、VR等技术为代表,在与腾讯智慧零售合作中,涌现出许多代表案例。其中,香飘飘、名创优品、万达广场、M.A.C这四家企业,涵盖快消品、生活日用、商业地产和美妆等不同领域,都结合自身业务特征,敢于尝试和拥抱更多新技术应用,同时也获得了数字化用户提升的"加速度"。

香飘飘：
一物一码,从"隔山跨海"到"私域直连"

2019年7月,香飘飘旗下Meco果汁茶,与《王者荣耀》联合推出"无限王者团"限量联名款。当月,Meco果汁茶的复购人数,实现周环比增长200倍。[1] 这不仅是一次营销活动的成功,更标志着在直连消费者的道路上,香飘飘迈出了至关重要的一步。

香飘飘董事蒋晓莹一语道破当下奶茶市场的"新行情"："我们的主打品牌在全国铺货,产品和包装作为对外营销的接口,只能获得'公域流量',却缺乏直接连接消费者的方式",而对于线下奶茶店来说,"覆盖3~5公里人群,通过会员体系积累用户,积累的流

---

[1] 腾讯科技.腾讯智慧零售蒋杰：触点时代,助力商家实现实际增长[EB/OL].（2019-09-07）. http://www.cecc.org.cn/news/201909/540840.html.

量更具备私域属性"。

为了在竞争愈发激烈的茶饮市场中保持战斗力，用更直接且精准的数字化方式连接消费者，香飘飘需要将用户和流量掌握在自己手中，获取更多主动权。此外，当今消费者已变得非常复杂，90后、95后的消费需求多元化，不同梯度城市的消费思维和方式呈现明显的分化与分层，靠一款产品通吃市场的时代已经一去不复返了。品牌商需要收集更广泛的数据，捕捉不同人群的消费需求，从而反向做出精准经营决策，甚至借助C2M模式（Customer-to-Manufacture，用户直连制造）提升供应链能力，降本增效。

和许多品牌商面对的"顽疾"类似，香飘飘一开始不仅缺乏连接消费者的手段，也缺失能够管控的触达渠道。对于快消品牌商而言，能够承担连接器功能，成为与消费者最直接、高频沟通桥梁的，恰恰正是商品本身。因此香飘飘与腾讯优码合作，采取商品"一物一码"的形式，借助"货"连接终端消费者，实现私域数字化用户的积累。如图3-4-1所示。

所谓"一物一码"，就是将商品视为媒介，生成产品专属二维码，通过扫码与消费者建立连接。这一技术较早便在白酒行业得到应用，作为防伪溯源的通用操作。现在，它延展为品牌以"货"连接"人"、拓展"场"的重要方式。

香飘飘Meco果汁茶与《王者荣耀》IP联名，奶茶的消费群体以年轻女性为主，而在年轻人中《王者荣耀》是最为普及的手游，女性玩家占 51.8%，两者的合作是"强强联合"，对品牌的用户"拉新"有明显效果。

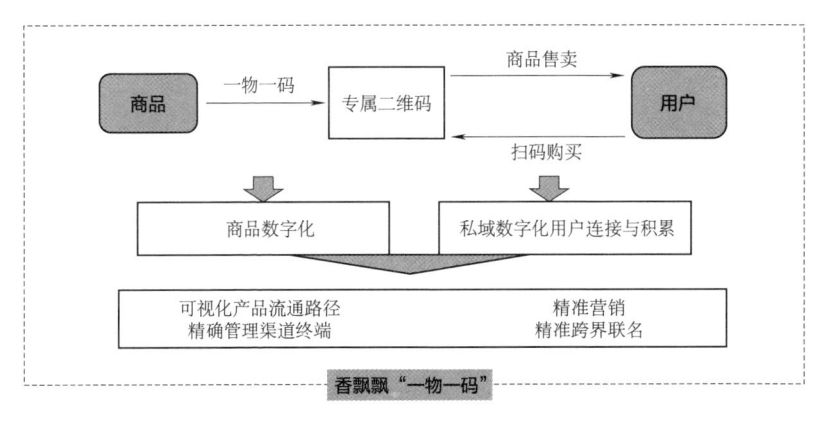

```
┌─────────────────────────────────────────────────────┐
│                        商品售卖                      │
│   ┌──────┐   一物一码   ┌────────┐ ────────→ ┌──────┐ │
│   │ 商品 │ ──────────→ │专属二维码│           │ 用户 │ │
│   └──────┘              └────────┘ ←──────── └──────┘ │
│       │                     │      扫码购买           │
│       ▼                     ▼                        │
│  ┌──────────┐      ┌────────────────────┐            │
│  │商品数字化│      │私域数字化用户连接与积累│          │
│  └──────────┘      └────────────────────┘            │
│                                                      │
│   可视化产品流通路径           精准营销                │
│   精确管理渠道终端             精准跨界联名            │
│                                                      │
│              香飘飘"一物一码"                         │
└─────────────────────────────────────────────────────┘
```

图 3-4-1　香飘飘"一物一码"运营模型

为了精准吸引目标消费者，香飘飘的"一物一码"对联名活动的奖品进行了精心设计。传统奖励一般是优惠券或者产品，但 Meco 果汁茶则推出了符合《王者荣耀》玩家期待的游戏皮肤、个性化角色、特效等虚拟奖品。在品牌中心总监朱晓莹看来，这一设计很好地"收割"了"网游少女"，"设计一些游戏中的稀缺奖品，对于玩家而言更有吸引力"。借此，奶茶与游戏实现跨界绑定，香飘飘斩获新一波认同品牌的消费者，提升了扫码率，更精准地把《王者荣耀》的粉丝转化为品牌的私域用户。

"红包抽奖"的营销活动，也是有效的用户触达方式。在"喝香飘飘,赢千元大奖"的营销活动中,凡购买促销产品,微信扫描二维码,便有机会获得最高1066元的现金红包,以现金激励的形式,激发了全民的"扫码热"。

"这不仅是一场营销,"蒋晓莹认为其在直连消费者上意义更大,"它把喜爱我们品牌的消费者抓回来,产生二次的沟通和触达。"香飘飘当时"抓回"了多少用户?答案是,每天有超过30万消费者被香飘飘通过二维码"连接"回来。[1]

奖金激励吸引了大批消费者扫码,也带来新的挑战。如何才能杜绝"羊毛党",让营销投入发挥最大的效能?在设置抽奖活动时,腾讯优码团队针对不同类型客户,提供不同的营销风控管理模型,可以辨别高价值人群、"羊毛党"等不同"标签",并派发不同模型的奖励,实现高效连接和避免资源浪费两不误。

香飘飘将与腾讯智慧零售的合作总结为"全链路支持"。首先,通过优码后台数据,在保护用户隐私的前提下,可以更了解消费者群体的属性、偏好、消费原因和频次等标签信息,进一步对其进行圈层划分和分析,为营销活动、产品研发创新、深度运营和用户沟通等提供决策支持。譬如在IP联名活动中,针对为《王者荣耀》而来的消费者,可以多用相关权益奖励与其互动;而对于冲着产品

---

[1] 根据香飘飘披露的信息,该活动日均红包扫码量高达30万次,在2019年1月时扫码量更是超过日均35万次。

来的,则要给他更大的产品类优惠。"通过更多标签的细化和分类,便能够创造更多精准运营的方法"。其次,在供应链方面,香飘飘基于"一物一码",探索全面追踪产品流通轨迹的方式,精确到一线门店出货信息,从而实现了更高效的渠道管控。

香飘飘的数字化用户探索,是快消品牌探索"私域流量"直连的创新尝试。与腾讯智慧零售的合作,在优码和泛娱乐 IP 的助力下,匹配精准的营销活动,拉升扫码转化率,让品牌商精准直连更广泛的消费者群体,同时强化渠道管控能力。

如今,泸州老窖、蒙牛、东鹏特饮……越来越多快消、酒水类品牌正在落地腾讯优码解决方案。"一物一码"不仅在于"带货",更重要的是建立品牌商的私域用户池。常年与消费者隔山跨海的品牌商,由于有了私域用户池,才如同有了"千里眼"与"顺风耳",将产品的推陈出新做到极致,不负这个时代生机勃勃的新消费需求。

名创优品:
"优 Mall"升级现有业态,规模化推广数字化门店

据说,每年有超过 2 亿的消费者,走进名创优品 4000 家门店选购商品,这一数据比不少电商品牌的顾客还要多。将看似普通的"十元小商品"零售,做成营收超百亿的跨国生意,名创优品的"魔力",不仅在于极致的供应链能力和出色的产品设计,也在于智慧门店的升级，它实现了规模化复制，从而走在了行业前列。

名创优品所处的日用百货行业，本身是个低毛利的红海市场，再加上近些年电商的冲击，想要脱颖而出，是对品牌全方位管理能力的重大考验。其中，门店运营能力是尤为重要的一环。对于名创优品而言，4000家门店既是竞争优势，也是运营压力。一个微小的效率提升，会带来数千倍的效益回报，而一个细小的成本增加，也同样会被放大数千倍。

如何持续提高门店运营效率，在保持毛利的前提下实现业绩增长和规模化扩张，是名创优品当下面临的核心挑战。这意味着，不仅要寻求单店的效率提升，更要寻找能够匹配自身的增速、"可规模化复制"的门店数字化解决方案。

具体而言，名创优品的门店数字化升级，要解决的是线下门店经营的三个难题：第一，实现客流数字化，积累和识别线下消费者；第二，基于掌握的数字化用户，优化门店的运营模式和产品；第三，通过数字化工具，降低企业内部的管理成本。

其中，实现客流数字化，是解决后两大难题的基础能力。名创优品首席技术官（CTO）马玉涛一直强调数字化用户在零售行业的重要性，"实现数字化用户就是让'人'在线，同时将其与'货'和'场'建立连接"。识别和理解消费者，不仅是名创优品继续扩张、保持竞争优势的必要条件，也是进一步实现"货"与"场"在线与连接的前提。

为此，名创优品在2019年与腾讯智慧零售合作，在900余家门店中落地"优Mall"产品。借助Re-ID等技术，实现门店客流数字化的同时，帮助企业提高管理效率，降低运营成本。

通过"优Mall"产品的技术支持，结合微信支付、小程序等工具，提高对进店客流情况的掌握，把线下客流在线化，形成私域用户池，以此作为二次沟通和触达的基础。马玉涛曾经算过一笔账，"每年有2亿人走进名创优品店内消费，但同样是2亿消费者，在线上产生的GMV（网站成交金额）显然高于线下。因为线上的用户是数字化的，可以随时再次触达、拉动复购"。但现在，假如门店的2亿消费者能实现50%数字化，能为企业带来的数字资产和销售增量便有了大幅提升的想象空间。

不断积累的私域用户池，让名创优品的门店获取更为科学的经营依据。比如，"优Mall"可以依据用户在店内的活动轨迹，形成门店内部热力图，据此门店经营者可以判断店内哪些区域更吸引顾客，哪些货架顾客的停留时间更长，进一步对门店的动线设计、产品摆放等进行调优。

又比如，根据周边客群属性，门店可以设置不同产品结构。若周边亲子类消费者较多，可以增加玩具类商品的比重；若年轻女性较多，则可以增加彩妆比重；等等。通过调整产品结构与客群适配，名创优品门店能够有针对性地供货和运营，促进消费频次的提升。运用小程序、公众号等数字化触点，在线对消费者进行二次传播和触达，进一步提高门店的复购率，实现坪效提升。

除了"增效"之外，名创优品也不断提升管理效率，降低成本，这主要体现在总部对加盟门店的管理优化上。以最基本的巡店工作为例，一支巡店工作组每天只能巡店2~3家，总部要完成全国2000余家门店的巡店工作，往往需要数月时间。如果要监测具体店员的在岗工作情况等更多细节，则需耗费更高的管理成本。通过"优Mall"，名创优品实现了门店店员的"在线化"管理。全国各地门店的员工在岗情况在线同步到总部，巡店的工作可以在线进行，及时对异常行为进行约束和管理，巡店与督导的效率也随之大大提升。

为解决类似的门店管理问题，名创优品还有许多尝试，比如建立黑名单防盗窃货损，用数据分析决策、收银方式，等等。对于单一门店来讲，这些尝试或许只能每月降低数百元成本，但放眼到数千家加盟门店的整体运营管理，每年则可节省上千万元。

一般而言，短时间内将优Mall系统落地900多家门店并非易事。这不仅是技术问题，还涉及门店硬件设施改造、软件系统学习等方面；这同时也是管理问题，要推动门店店长和员工去理解并执行。不过，对于以轻资产、加盟模式为主的名创优品而言，在规模化复制上有着自己的优势。加盟商是以财务投资为主，不直接负责门店的经营，总部对门店的经营管控力相对更强。这样的模式，让名创优品能够将智慧门店的升级方案更快速地贯彻下去。

名创优品智慧门店升级为业界提供了参考范例：第一步，先提升客流数字化的程度,形成可分析、可洞察的私域用户池;第二步,在线运营私域用户池,与消费者建立二次沟通和触达机制,实现最大化的"开源"的可能性;第三步,选择简单高效的数字化工具,将单店的成功复制到更多门店,形成规模化效应,节省更多的经营成本。名创优品的智慧零售系统如图 3-4-2 所示。

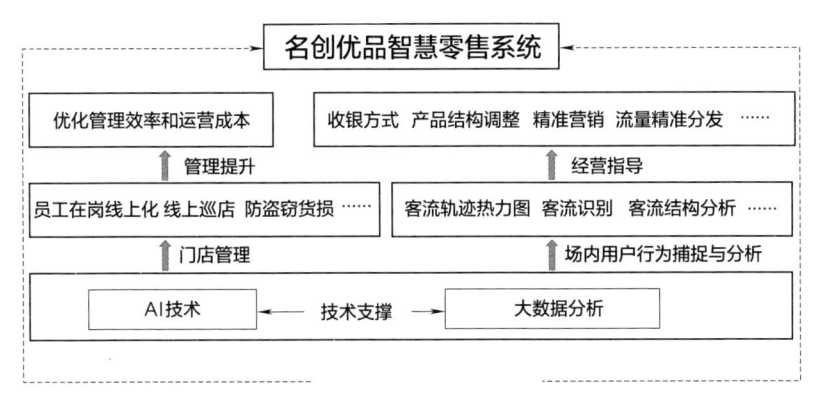

图 3-4-2 名创优品智慧零售系统

这样扎实果敢的规模化的数字化升级,背后还蕴含着名创优品更大的雄心:通过"科技名创"战略——利用数字化技术提升公司效率和消费者购物体验,助力品牌的全球化扩张。马玉涛解释了这一战略背后的动机:"如果仍像国内一样,用人的方式,去管理海外 90 个国家和地区的市场,显然不堪重负。所以,我们就把好的模式、流程和方法论等,通过技术手段沉淀下来,再进行全球化推广。"

在数字化推力的放大效应下，名创优品不用向海外增派大量人才，也能够保持在全球化市场的快速扩张，实现"百国千亿万店"的目标。

万达广场：
破解"商场数字化"三大难题

2019年5月8日，北京丰台科技园，马化腾和王健林一起走进万达广场，体验了裸眼3D全息广告屏、小程序"盖章打卡"和智慧停车等。王健林还"刷脸"买了一杯百香果茉莉茶。这趟行程，被解读为万达广场过去一年数字化升级的阶段成果展示。管理着全国300余座购物中心、年客流近40亿人次的万达，站在了"智慧零售"的聚光灯下。

2018年6月，一场"商场数字化"变革正从北京丰科万达广场起步。当时，万达与腾讯、高灯合资成立智慧零售科技公司丙晟科技。该公司通过独立的组织运作，专门负责万达广场等商业中心的数字化转型升级。

对于商业地产而言，数字化并非意味着"电商化"——把客流都引导到线上运营，本质还是要解决线下客流的问题，到场的流量才是主阵地。"数字化消费体验是系统性革命，但永远不会变的是大量人群有面对面交往的需求，仍然会选择在线下聚会。"

在丙晟科技 CEO 高峡看来，万达广场数字化升级，面临三大难题：其一，如何为商场带来流量增量；其二，如何推进客流数字化；其三，如何更好地实现商铺流量分发，实现精准运营和流量变现。

丰科万达采取的方案是：通过朋友圈广告、小程序、泛娱乐 IP 等线上触达方式吸引场外的消费者走进万达；利用"优 Mall"等产品实现客流数字化；依据客流分析，通过有效触达的营销手段提高商铺流量精准分发。

购物中心本就是线下流量聚点，但存在着波峰与波谷。以丰科万达为例，商场周边集中了大量丰台科技园程序员和年轻白领，因此工作日客流较多，周末反而较少。要在周末吸引更多消费者前来，就要有更多吸引他们的理由，比如创新性的内容和体验。

丙晟科技以小程序为主要载体、以朋友圈广告等线上触达方式，叠加腾讯旗下知名 IP《王者荣耀》，将更多客流引入万达广场。一方面，通过腾讯广告多元的投放方式，精准触达目标客群，让万达广场的线上影响力持续扩大。另一方面，围绕 IP 还可以策划线下活动，吸引消费者并增强黏性。比如，在丰科万达打造的 TGC（腾讯数字文创节）《王者荣耀》"峡谷开放日"活动，以《王者荣耀》IP 为主线，通过策划场外文化展、互动活动，场内快闪店等，整体提升商场的互动体验性。

除了通过线上触达手段，便捷停车、购物引导等数字化工具可以提升商场内的消费体验，也是吸引消费者的方式。比如万达广场推出"无感停车"等工具,车主只需站在屏幕前进行识别,就能立刻获知停车位及寻车路线。这一措施使车辆平均进出场时间由20秒缩短为2秒,大大缩短了排队时间。良好的体验让消费者更享受来万达逛街。

从线上多渠道触达到场内用户体验提升,万达广场调整客流峰谷,在工作日、周末等不同时间段,都吸引周围的程序员、年轻白领和亲子家庭会聚于此。

提升了到场客流后,便要通过先进的技术和产品识别客流,积累数字化用户。商场的结算行为都发生在入驻的品牌店铺内,而对于商场本身几乎没有"支付"行为,所以跟单一门店的客流数字化思路不同,不能单靠"扫码购"在交易环节实现用户数字化,而要在顾客到场、进场闲逛浏览的时候(即认知和兴趣阶段)完成数字化关联。另外,相比单一门店,购物中心面积更大、空间更复杂,实现客流数字化难度会更大。

谈及客流数字化,万达商管集团副总裁兼丙晟科技总裁朱战备深有感触:"万达广场曾通过客流计数器统计每天进出人次变化,但用户的画像和进场后的行为等仍然是不清晰的。"腾讯智慧零售的产品"优Mall"能够助力解决这一难题。在保证用户隐私安全的前提下,让丰科万达广场的顾客建档率做到98%,2019年上半年积累了超过70万的数字化会员。这无疑让万达在商场客流数字化上跨越了一大步。

数字化用户的积累最终通过万达广场小程序焕发出了新的价值。万达广场小程序是全国万达广场唯一官方线上经营平台，覆盖全国所有万达广场，超过6万家商户通过入驻万达广场小程序建立了线上门店。截至2020年5月，小程序累计用户超过6550万，单日PV（page view，单页点阅量）峰值达2100万，2019年度访问量突破10亿次。

以小程序为载体，商业中心一方面能更精准地触达消费者，提供个性化服务；另一方面，也能在基于动线设计引导流量之外，通过场景内互动、扫码发券、支付后二次营销等方式优化场内流量分发，给入驻的品牌带去更多的进店客流。

客流数字化和小程序触达的能力建设，是要让万达广场内的商户可以共同享受数字化的红利。丙晟科技和腾讯团队以数字化用户为基础探索出商圈营销、门店优选等一系列解决方案，帮助入驻万达的商户共享商业中心流量池，共同探索如何实现精准导流，帮助门店提升客流、销售，形成商圈和入驻品牌协同发展的局面。

例如，丙晟科技在对客流进行分析后，发现了一个有趣的现象：许多原本看似并无关联的门店，其客流却存在明显的交叉。朱战备对这一发现感到惊喜："将太无二与Zara的消费者有近11%的重合度，这在以前我们是完全想不到的。"摸清不同商铺间消费者的流动规律，商场分流也有了新的思路：通过在关联门店联合发券，提升门店流量。

万达广场做了一个实验：在 Zara 门店投放将太无二的优惠券，结果当天将太无二门店业绩提升了 30%。以此类推，通过交叉发券等营销手段，可以让消费者在万达广场从之前平均只逛 2.2 个店，提升至 2.8~3.2 个店，这就意味着门店利润提升 20%~30%。这样的发现让丙晟和腾讯团队眼前一亮。

高峡算了笔账："全国有 300 家万达广场，如果每家广场客流都提升 20%，就相当于在全国又开了 60 多座新广场。而且还节省下了巨额的建设成本！"

除此之外，通过对商场内的客流分析，购物中心能够更好地了解各商铺的经营状况。在门店招商时，市场部可以通过详细的客流数据，选择适合的商家入驻。更重要的是，在租金定价模式上，也可以实现按流量动态定价，比如将"N 年一期"的模式，变为"按月定价"，提升经营效率和利润。

数字化升级的好处显而易见，发展路途却并非一马平川。万达仍面临许多瓶颈，将高门槛的先进技术切实落地便是核心难题。线下客流数字化，简简单单的七个字需要海量的算力、复杂的算法模型、超高的信息传输速度、稳定安全的服务器等，这是一个系统化的工程建设，复杂程度不亚于盖一座大楼。尤其是在一个几万、十几万平方米的商场内落地，它的难度远远大于在一个 200 平方米的门店。丙晟科技和腾讯团队经过近两年的研究、试错和迭代，才在技术上有所突破。

商业地产的运营需要掌握很多琐碎繁杂的线下工作，如何找到合适的复合型人才推进数字化升级，也是一项艰巨的挑战。执行数字化升级项目的员工不仅要具备互联网思维，还要了解实体商业的运营规则。人才从何而来？万达选择开放组织来解决人才问题：一方面与腾讯等大公司合作，吸取借鉴经验；另一方面投资孵化商业地产领域的科技创业公司，为其提供应用场景，借助其创新优势，降低试错成本。开放的策略带来了极大的灵活度，源源不断的新创意在万达落地。

万达广场的尝试，为商业地产行业的数字化升级提供了参考。渴望新技术、拥抱新技术，以开放的态度，积极勇敢地尝试，才成就了丰科万达的万人瞩目。万达广场客流数字化运营模型见图3-4-3。

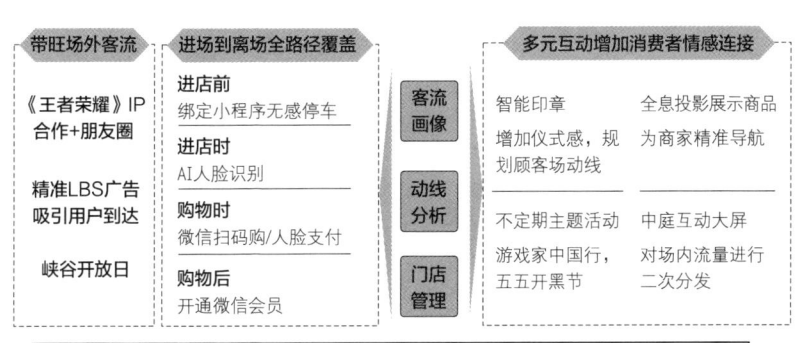

带旺场外客流	进场到离场全路径覆盖		多元互动增加消费者情感连接
《王者荣耀》IP合作+朋友圈	进店前 绑定小程序无感停车	客流画像	智能印章 增加仪式感，规划顾客动线 / 全息投影展示商品 为商家精准导航
精准LBS广告吸引用户到达	进店时 AI人脸识别	动线分析	
峡谷开放日	购物时 微信扫码购/人脸支付	门店管理	不定期主题活动 游戏家中国行， 五五开黑节 / 中庭互动大屏 对场内流量进行二次分发
	购物后 开通微信会员		

协同"万达广场"小程序实现精准的消费引导

图3-4-3 万达广场客流数字化的运营模型

M.A.C：
潮趣的全链路数字化体验，构建完备的数字化动线

前文分享了商超、快消、日化和商业地产的案例，而对于美妆、鞋服等品类的线下门店而言，用户的互动体验和品牌的调性，都有着更为严格而周全的考量。能优化互动体验和增强品牌形象的技术，才是好的应用。

美妆、鞋服等品类的门店，许多顾客享受看一看、逛一逛和试一试的过程，但没有发生交易行为。实际上这群顾客非常有价值，他们可能不会马上购买，但一旦拥有了好的体验，随时有可能在线交易，或者再次回到店里购买。

在客流数字化的进程中，M.A.C 也是一个复合运用微信支付、小程序、互动性智能设备等技术构建完备的数字化动线的范本。它的先进性在于贯穿消费者全链路，从认知、兴趣到购买环节，都能结合自身业务特征，通过叠加多种技术体验，提供有趣的购物体验，同时让门店客流成为有益的数字化资产。M.A.C 智慧门店运营模型见图 3-4-4。

2019 年年初一开业，"M.A.C 淮海 819"便成为上海网红打卡新地标。"断货王试妆机""面面俱到底妆无人桌""M.A.C YOURSELF 个性印制"……种种美妆黑科技，演绎着如何与自助式、策展式消费融为一体，让数字化的美妆店铺智慧有趣。

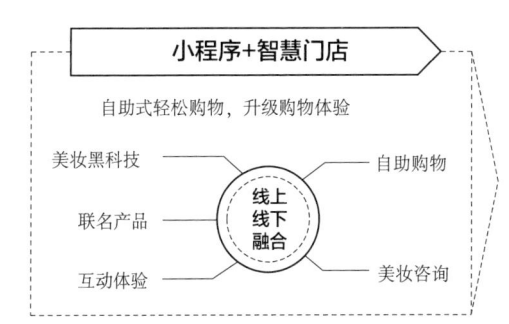

```
小程序+智慧门店
    自助式轻松购物，升级购物体验

美妆黑科技 ──┐         ┌── 自助购物
              线上
联名产品 ─────线下                    小程序自助选购商品
              融合
互动体验 ──┘         └── 美妆咨询     轻松加购，随心体验
                                      付款更高效
                                      无须排队即可买单
```

具体实践案例：M.A.C 智慧门店内《王者荣耀》主题展台

图 3-4-4　M.A.C 智慧门店运营模型

　　这些年美妆行业的线上生意增势惊人，促使许多美妆企业重新思考线下门店的定位和价值。M.A.C 备受追捧的淮海 819 店，实质就是 M.A.C 将线下门店盘活为"数字化有益资产"的创新尝试。

　　在 M.A.C 看来，门店不仅是品牌价值的重要传达渠道，也是服务提供的主要场所，更是私域化用户的有益来源。

　　每个品牌的用户群体都有差异性，要建立更精准的私域用户数据结构、筑高竞争壁垒，就要把持好线下门店这块重要的前沿阵地。以其为基础沉淀私域数字化用户，是后期提升门店精细化运营程度的重要先决条件。

　　M.A.C 中国区品牌总经理江晨，回忆了当时企业内部讨论的场景："（我们）当时认为中国消费者的大量时间都粘在手机上，许多决策和购买可能在进店前就已经在手机完成。所以最初的疑问是，他们进店后，还可以用手机干什么。"

为了找到答案，江晨细致分析了门店的消费场景和顾客在店内的消费与体验路径，研究如何围绕门店构建场内场外的数字化动线，与消费者进行有趣的互动，为购物体验加分，让用户愿意在门店停留更长时间。

在 M.A.C 淮海 819 店的玻璃门两侧，智能屏幕提示消费者"扫码开门"。进入门店一层，用户扫码注册店铺专属小程序，开启独特的逛店体验。用微信扫描产品二维码，相关信息一目了然，轻松加购。在"断货王试妆机"区域，电子屏幕"云端试色"，30 秒虚拟试遍 18 款热门断货王色号，还能体验《王者荣耀》游戏中不同女性角色的妆容。在"大拼眼技"区域，消费者可以按自我喜好，自组喜爱的色号，打造专属眼影盘。在小程序上进行自助选购产品，无须排队即可买单，付款高效便捷。在二层的"M.A.C YOURSELF 个性印制"区域，可以根据自身喜好，体验 3D 定制打印服务，创造独一无二的定制化个性单品。

除此之外，淮海 819 店还经常举行美妆 Party，通过线下活动的社交性传播，提升门店的口碑值与影响力。M.A.C 组织的线下社交活动包括美妆直播、美妆讲座等，门店已成为兼具媒介和社交功能的复合空间。在江晨的描述中，打造这样一个创新空间，就如同为门店打造了一个"放大器"——能够将门店的传播、运营效率与影响力大大增强。"二层空间只能容纳下几十人，但通过直播，一场活动就可以帮助门店吸引上万粉丝,辐射范围远超传统线下业态。"

经过系统数字化改造和互动体验设计,门店的角色发生了变化,从原来的交易中心,转变为体验中心和媒体中心,也成为品牌的数字中枢。"进店—浏览—试用—购买",新奇有趣的黑科技体验贯穿每一个环节。每一次与科技交互的背后,都伴随着高效又自然的用户数字化的过程。在一次次的触摸、点击、选择中,消费者更加理解品牌,品牌也更加了解消费者。

目前,淮海819店进店后打开品牌小程序的顾客比例已经达到"七成以上"。而凭借店内各种创新互动体验和个性化服务,顾客的平均在店时长也达到M.A.C其他门店的3倍以上。淮海819门店已然成为M.A.C线下门店数字化的有力尝试。

为了打造这一内部标杆,M.A.C整整花了一年时间。最大的挑战之一便是推动组织联动。作为一家跨国公司,M.A.C的智慧零售改革方案,不仅要在中国区内达成共识,更要寻求全球总部的支持。但要让国外总部了解中国市场消费习惯的趋势变化,并不是一件容易的事。从2018年年初到2019年年初,江晨整整一年都在上海和纽约两头跑,"光面对面的需求访问会就开了5个,每周还要和总部开两个电话会议"。他不停地往返两地,说服纽约总部大力支持智慧零售改革方案,同时与国内团队达成共识,形成整个组织的内部联动。

为了让创新业务快速发展，M.A.C 还为淮海 819 店建立起独立运营团队，以小组织形式快速落地和迭代，"仅门店小程序就迭代了 23 个版本"。

要让门店更快完成触点的搭建运营，让消费者更快适应数字动线，离不开导购的坚决执行。M.A.C 传统门店的导购以销售任务为主，而在淮海 819 店内，他们的角色转变为服务型顾问。为消费者提供专业建议的同时，引导其完成进店预约、扫码购物、购后评价等线上流程。

跑通了第一家"数字化标杆"后，在进一步规模化复制上，M.A.C 有着更为个性化的考虑。"未来线下门店形态将走向多样化，一定是'千店千面'。即使隔条马路的两家店，面向的客群也可以是不一样的。"这一思路，对线下美妆门店的数字化升级有重要启示。它意味着门店数字化动线构建和客流数字化的方案也需要因"客"制宜。采用围绕消费者的个性化线下业态经营方式，才能让门店真正成为新时代的有益的数字化资产。

第四章

数字化触达:

构建".com2.0"私域新业态

引言

移动社交时代，许多遇到增长瓶颈的零售商开始对拥有超12亿用户的微信寄予厚望。

逐渐补全商业闭环的"微信生态"，给零售业带来建立和完善自营业态的新机会。越来越多的导购通过朋友圈、微信群等工具维护客情、销售产品；越来越多的零售商也开始利用小程序商城等形式构建更多的自营业态。

这些萌芽于微信生态的零散"创造力"，逐渐发展壮大，最终成为中国零售业独创的新商业模式。它们为零售商带来可掌控、可持续发展的"阵地"，实现线上线下全渠道的零售闭环，沉淀属于自己的数字资产。这种更为立体、人格化的直接触达，是平台电商时代远不能比拟的。

其中，小程序官方商城、官方导购和超级社群这三大私域业态模式已经"崭露头角",被腾讯智慧零售集合统称".com2.0"。它们为零售商提供了更为便利和精准的数字化触达方式。

第一节 私域业态不断走向成熟

- 从"自营电商"到"私域业态" -

中国电商20多年的发展历程呈现出一个显著特点:产生的交易高度集中在平台电商。相比之下,国外零售行业的普遍情况则是平台电商和品牌自营电商协同发展,且自营电商和平台电商的角色有明显区分——自营电商是品牌主阵地,不仅品类最全,且重点新品、爆品通常会在自营电商首发;平台电商相对来说更多的是折扣款促销和分销渠道,主要是"走量"。这与平台电商占据垄断地位的国内电商生态,形成了"立体性"与"单一性"的鲜明对比。

造成这一现状的制约因素有很多。从基础层面来看,中国零售行业在"零售数字化1.0"的信息化阶段,相较国外而言发展要滞后很多。"信息化"的核心,指向企业内部的数字化供应链管理,当企业无法实现制造、财务、销售、分销、人力资源、仓储、决策支持等在内的一系列资源和流程的可视化,并进行合理的调配和平衡时,是无法支撑自营电商的搭建和有效运转的。

PC时代国内互联网搜索体系和电商体系之间互不相通,则是另一个制约因素。PC时代的互联网商业模式高度依赖搜索,作为最主要的流量入口,搜索体系主导着流量的分配机制。无法与搜索打通,意味着自营电商成为"无源之水",很难有合理的流量成本支撑。

曾经的尝试者,例如万达网科、沃尔玛一号店、大润发飞牛网、步步高云猴网……最终都没有找到有效的自营电商模式。彼时坚持在中国做自营电商的多为国外高端品牌,如CHANEL、GUCCI、NIKE等,后来也都无一例外地选择入驻平台电商,以获得平台流量入口和线上业绩保证。

"自营电商"在中国零售业的发展只是受到阶段性的阻滞,还是真的不具备发展的可能性?这是行业一直以来的困惑。

随着移动互联网发展的不断深入,微信生态商业闭环的逐步完善,中国零售业在"人的数字化"上的换道超车,推动了在"零售数字化3.0"阶段中国自营电商形态的破局。各种萌生于微信生态的"私域业态"开始呈现多元化,并加速迭代形成规模效应。

诞生于2011年的微信,经历了数年的持续发展与创新,越来越多的内容创作者、个人卖家、网红博主开始尝试在微信中经营粉丝,最早一批运营私域流量的创业者由此诞生。他们以朋友圈和微信群为阵地,借助熟人关系构建口碑,以社交性的互动方式,形成一种低门槛、高利润的"自营形态"。比如搭载于微信公众号的

"H5微商城",就是早期基于微信生态打造自营电商的尝试。这种社交模式吸引着许多个人创业者参与其中。

微信生态的商业价值逐步放大,被越来越多的零售行业"企业级玩家"认可。"企业级玩家"与"个人玩家"较大的不同点在于,企业内部组织较为复杂,也有很多现有的成熟渠道,对于新业态的每一次新尝试和投入,都要充分考量其能否发展成规模业态、获得可持续销量和利润的可能性。而微信生态刚好可以不断满足这些需求。

去中心化的微信生态,没有对玩法进行太多限制的条条框框,一方面提供给"玩家"创造多样的、个性化经营方式的可能性,但另一方面也意味着前期较多的试错迭代,且需要有接受挑战的决心。

可喜的是,一批批勇敢的先行者带来了成功的示范,让行业关注到利用微信生态融通线上线下的优势,带来规模化生意增长的无限潜力。譬如一度引领浪潮的社交电商,根植于社交流量和单品拼团模式,以惊人的社交裂变能力对流量效率提升形成推动,将需求侧的消费者和供给侧的品牌商、制造商更加短链地连接在一起。又比如,通过与腾讯智慧零售合作,绫致时装、百丽、梦洁等企业,鼓励门店导购运用朋友圈、社群、小程序、企业微信等工具,平日持续沉淀私域流量。当门店客流较少或闭店的时候,门店导购也可以通过在微信运营"云用户"达成交易,实现每月超过百万,甚至上千万的成交额。

我们更愿意把这些探索方向称为"私域业态",而非仅限于自营电商。把门店的客流延伸到线上，运用微信生态中的公众号、朋友圈、社群等触点，持续运营"云用户"。同时通过社交小游戏、社交拼团等机制，结合门店活动和促销等信息，扩大"云用户"的规模。把物理空间延伸到数字化"二楼"，触达和管理"云用户"，持续进行沟通和提供服务——这种生意模式并不是单纯的线上化，而是线上线下无缝融通的，这也是私域业态和自营电商的最大区别，更是相较后者的先进之处。

如果说"自营电商"是".com 1.0"，腾讯智慧零售认为"私域业态"便是".com 2.0"。它既能为线上生意创造增量，也能全时全域地联动门店，为线下生意创造增量。

支撑由内容创业转换到大热的社交电商，是微信庞大的用户基数和不断完善的生态。而推动"私域业态"更加蓬勃发展的，则是智慧零售和勇于尝新的零售先锋们的功劳。

-"私域业态"重塑"数字化触达"-

".com 2.0"是一种形象的表达，它意味着品牌自主经营，用户、流量和数据都处于自有的私域业态。"打造完全属于自己的、满足用户线上消费场景，同时不被平台所掌控的私域业态，有很多已经初步验证可行的业态，我们把它们集合起来统称为'.com2.0'。"腾讯智慧零售运营副总裁田江雪在 2019 年 5 月 22 日的腾讯全球生态大会智慧零售论坛上如此解释。

小程序官方商城、官方导购、超级社群,是被腾讯智慧零售与零售商验证可行的".com2.0"私域业态。而它们的形成过程,其实并非从0到1的创造,而是将行业在微信生态中自主开展的创新模式,落地为更加标准化的运营机制,形成可规模化复制的业态。

在微信生态做生意的方式多种多样,是否所有方式都能被称作私域业态呢?"业态"一般是指零售的经营形态或销售形式,是长期存在并被企业当作可持续发展的渠道和经营模式。

在大部分零售企业中,线下渠道和平台电商是两大主流业态类型。企业内部大概率还没有把微信作为贡献销量的渠道,也缺乏专门的运营团队,更常见的做法是市场、公关或CRM团队运营微信公众号,将其作为舆论口碑管理的自媒体平台。

但勇于尝试的众多零售商与腾讯智慧零售团队,以及微盟、有赞等服务商一起试点,小步快跑、试错迭代。一方面探索如何解决为私域业态创造流量的问题;另一方面研究哪些形式有可持续发展的潜力,以及如何制定绩效考核体系、设计组织架构等,推动私域业态成型。

小程序、导购、社群,都不是陌生的零售形态。小程序官方商城之所以能成为"商城",官方导购之所以可以得到"官方"的重视,超级社群之所以有"超级"的潜力,都是因为它们具备可复制、可规模化和可持续化的交易特性,才能被定义为"私域业态"。经过实践和打磨，证明它们可以自然和谐地连接线上线下各种触点，源源不断地激活私域流量，也能便捷高效地将流量转化变现。通过参加腾讯智慧零售的"倍增行动"新业态竞赛，零售商尝试了各种新业态的运营，也见证了销量和利润的快速增长。慢慢地，企业内部也开始成立专门的运营团队，并固化业绩考核指标。腾讯智慧零售三大典型私域业态见图4-1-1。

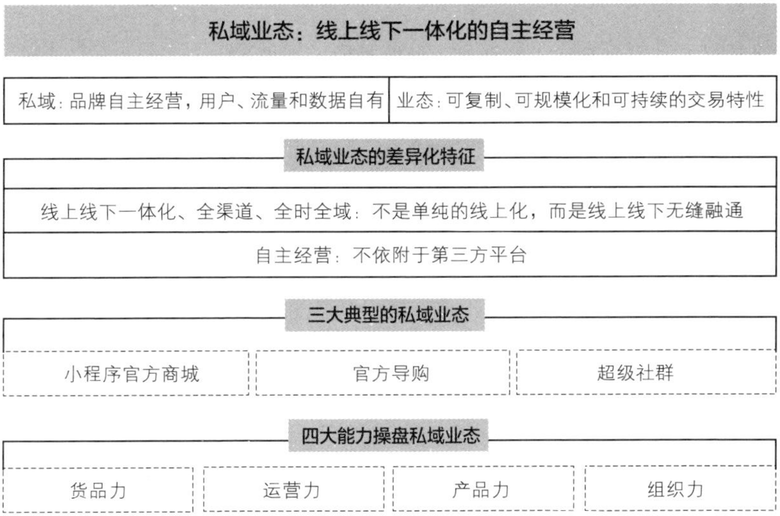

私域业态：线上线下一体化的自主经营	
私域：品牌自主经营，用户、流量和数据自有	业态：可复制、可规模化和可持续的交易特性

私域业态的差异化特征
线上线下一体化、全渠道、全时全域：不是单纯的线上化，而是线上线下无缝融通
自主经营：不依附于第三方平台

三大典型的私域业态		
小程序官方商城	官方导购	超级社群

四大能力操盘私域业态			
货品力	运营力	产品力	组织力

图4-1-1 腾讯智慧零售三大典型私域业态

智慧零售业务刚起步的时候，只有头部企业愿意投入新的私域业态构建。当时，大部分企业可能认为这是锦上添花，即使面临获客成本上涨、利润下跌、销量增长遇到瓶颈，依然选择"安逸"地在现有成熟渠道上继续投入，少有企业愿意尝试新业态。

直到 2020 年，突如其来的新冠肺炎疫情给零售业带来一场大考，给行业非常大的压力和焦虑的同时，也激发了更多的潜力和深入思考。越来越多的企业深刻地意识到，私域业态是企业非常重要的资产，私域业态也开始爆发式增长。

疫情期间门店客流骤减，线下的生意受到宏观经济的影响，在相当长的一段时间里，线下零售业都比较悲观。但在私域业态有所积累的一部分企业，即便门店营业艰难，也能利用已搭建好的社群、官方导购、小程序等，非常高效地组织有声有色的活动，以专场秒杀、店员穿搭、直播带货等方式来化解危机。

这样的行动起到非常好的效果，许多零售企业通过非接触的方式，在线下客流几乎为零的情况下，凭借在私域业态的发力，基本上能维持在日销金额过百万甚至大几百万的状态。

这些可以迅速适应"非接触"交易的企业，平时都非常重视顾客的"全渠道数字化触达"，关心当用户不能到店时，能否继续找到他/她，是否能维系与他/她的关系，能不能继续对他/她销售。这些"他/她"可以称为"云用户"。

许多企业过往借助私域业态积累了相当数量的"云用户"。在特殊时期，这些用户资产就成了企业的"战略储备"。云用户虽然不能亲自到店，但精神上仍希望了解品牌，与品牌保持联系。私域业态所搭建起来的数字化"二楼"，能把物理空间延伸到虚拟空间，触达和管理这群"云用户",带来生意的增量。

导购、社群、小程序等搭建门槛低,可快速上手运营,所以即使平时没有搭建私域业态的企业,在面对特殊情况时也能马上行动起来。危机意识让各品牌在疫情暴发之初,就把全面的精力都放到私域业态的运营中:调动门店导购,激活导购的私人社交关系链,通过"1v1"私聊,"1vN"的朋友圈、公众号等渠道发布入群消息,把沉淀起来的联系人迅速组建到社群当中,再配合小程序直播推送丰富的内容,运用企业微信批量管理内容和导购考核,完成小程序一键转发。如服饰、美妆等非刚需的品类,在私域业态的帮助下,销量也有明显的起色,在很大程度上补足了线下门店的销售损失。

这次疫情也引发了业界深刻的反思。私域业态之所以在这么短的时间内能取得如此效果,一方面是简单高效,容易操作;另一方面也反映了用户的需求——线上和线下是一体化的,用户希望在进店时和离店后都能与品牌进行连接,无论是否到店都能买到想要的东西,无论是否到店都能找到店员进行结账。疫情的极端情况让企业无法再忽视用户的需求,开始把私域业态作为严肃的资产运营,平时"锦上添花"的事情在特殊时期成为"雪中送炭"的关键。

无论是小程序官方商城、官方导购还是超级社群,都应该与现有其他业态一样,盘点现存用户数量,衡量拉新和留存效果,记录客单价和复购率,制定客观的绩效考核,不断积累用户资产,促进销量和利润增长。

例如，小程序官方商城注重经营全貌分析的相关指标，包括粉丝每天的主动访问量和留存数据、访问来源等；官方导购小程序和企业微信等都可以助力实现批量统计和管理，比如，可以统计现存多少导购，每个导购与多少用户进行了连接，连接的频次如何，轻、中、重度的用户分别有多少，等等；超级社群则可以统计社群的总量，每个社群的活跃用户有多少，每个群贡献的单量如何，活跃用户里每个人的客单价和购买偏好，哪些是普通用户，哪些是VIP用户……这些都有利于企业进一步精细化运营，实现更高效的数字化触达。

优衣库、丝芙兰、李宁、联想等知名品牌，是最早开始尝试小程序官方商城的零售企业。绫致在北京的一家门店导购，自发将到店顾客拉进自己运营的微信群，并通过群运营拉动销售转化，他一个人完成的销售业绩就占到其所在门店销售额的21%。快速成长的美妆品牌完美日记，围绕超级社群深耕细作，实现高达800%的成交金额（GMV）增长和更精准的产品研发……

私域业态带来的是完全属于零售商的流量。这些流量的本质，是属于零售商自己的用户，可以真正实现与他们直接对话。零售商可以拥有完整的用户资产沉淀，线上线下用户资产实现互通，达到对用户的全盘理解，同时也保证品牌调性和体验不受任何侵蚀。身处微信这个去中心化的生态中，每个品牌都拥有平等、自由的传达通道。

越来越多的零售商开始重视"全渠道的数字化触达",组建专门的团队把".com 2.0"私域业态作为稳定的业务持续运营,在这个过程当中进行了非常多的探索和试错积累。腾讯智慧零售团队拥有经验丰富的操盘手,为众多企业在管理"云用户"资产和管理"线路"上,提供方法论、工具和实战演练的支持,是"教练",也是"陪练"。

".com 2.0"私域业态带来新的线上增量和更好的线上线下连接。小程序官方商城、官方导购、超级社群三大业态是智慧零售的阶段性探索成果,也是方向指引。相信未来还会涌现出更多创新性的业态,启发着行业对私域业态的共同参与和持续开发。

第二节　小程序官方商城:连接全触点的"私域中枢"

2019年3月,潮流服饰GXG在"世界动物保护日"推出"人类,打扰一下!"公益活动,以原创T恤设计为媒介,上线4款"珍稀动物"系列服饰,让棕熊、藏羚羊、雪豹、白犀牛穿过原野来到城市,为环境友好与可持续发展强力发声。

在整个活动中,无论线下策展,还是线上预热、引爆与发酵,GXG的小程序商城是贯穿始终的支点。通过社群推广、模板消息触达、多触点激活社交裂变、"今夜不打烊"秒杀活动等形式,从引流、爆发到完成交易闭环，成功打造了一个基于数字化手段的IP爆款。基于此，GXG也得以触达更多"云用户"，实现小程序商城日均GMV环比提升305%、公众号转化率环比提升467%的好成绩。[1]

GXG的"爆款制造"突围，是拥抱数字化的广大品牌善用小程序的案例缩影。从中可以窥见小程序官方商城的独特角色——作为全触点连接整合中枢，融通线上线下，融合微信生态各种工具和玩法，最终形成交易的闭环。也正因如此，小程序商城发展至今，已成为各行各业打造私域业态的标准配置。

对于商超、购物中心、鞋服、美妆等行业，经过先行的探索，小程序结合行业和客户特色，激发出开放、创新的灵活玩法，已经酝酿出一些典型案例范本和运营方案。

在商超行业，小程序商城是线上线下融合的最短链解决方案。例如沃尔玛上线"扫玛购"小程序，解决线下门店收银效率的痛点，快速提升门店客流数字化程度，同时线上系统性升级"到家服务"。以小程序为工具，沃尔玛可以兼顾到店、到家两大场景的个性化需求，不仅提升线下效率，也进一步拓宽线上业务边界。"扫玛购"小程序和"到家"小程序的数据整合融通，能实现真正意义上的全

---

[1] 腾讯智慧零售. 2019上半年8大经典案例，解锁智慧零售的秘密[EB/OL]. (2019-07-12). https://mp.weixin.qq.com/s/AlQ2Gz5030FUmvRi_wX82g.

渠道生意运营和经营决策。

对于购物中心，小程序商城为高效的进场服务和体验创造了独特的价值。一个典型代表是"万达广场小程序"，它成为万达广场服务消费者和形成更多样互动的效率工具。小程序一方面在到场时提供智慧停车、会员成长等完整服务内容，让逛街体验更方便、高效；另一方面作为"云逛街"载体，让消费者在离场的时候，也能获得优惠资讯、商场咨询等，提前做好逛街攻略，与品牌门店保持持续互动，甚至完成交易。

在鞋服行业，小程序商城发挥着原创内容和个性化功能的优势，深度连接消费者。鞋服的品牌调性和风格是吸引粉丝特别重要的因素。以定制化的产品和服务满足粉丝个性化需求的做法，相比快消、美妆等品牌会更多。小程序能满足品牌对定制化功能和服务的期待，而不是千篇一律的平台化插件。它能更好地以有趣的差异化内容、体验和互动，增强品牌与消费者之间的黏性。GXG、李宁、VANS、FILA等品牌也都围绕小程序，尝试各种新奇的社交玩法，推出定制化的限量联名款，不仅能快速激活兴趣用户的参与热情，也让更多的交易水到渠成。

美妆品类的小程序商城，可以将线上社交裂变和线下到店服务无缝融合，创造一体化的互动体验。比如HomeFacialPro小程序商城与KOL（关键意见领袖）引流和公众号内容营销的组合出击，利用社交的力量裂变拉新，再短链简捷地跳转到小程序购买页面，提供"看到即买到"的流畅链路。丝芙兰的小程序提供门店美妆服务预约等服务，消费者时时刻刻都能与品牌产生互动，使商家在消费者离店时刻也能稳定地运营"云用户"。

上述行业的应用落地仅仅是冰山一角，小程序官方商城正在成为越来越多零售业、服务业企业触达与积累"云用户"的有效途径。例如：珠宝零售品牌 Darry Ring 提供线上预约、到店购买服务，打造服务型"顾客名片式"小程序；美容美体品牌奈瑞儿通过打造"奈瑞儿+"会员服务小程序，专注会员的深度服务，高度契合美业领域"重个性服务""重用户陪伴"的消费特性。此类案例还有许多，在此不一一列举。

小程序官方商城具有社交化、高效便捷、个性化和私域化的优点，吸引越来越多的零售商和品牌商主动投身小程序官方商城的建设。而基于此带来越来越多的模式和玩法，又进一步为消费者创造了新颖、便利、有温度的购物体验。

小程序商城对于社交关系有着天然的互补和放大作用，让社交化的触达、互动、转化都具备极高的效率。小程序商城能够无缝衔接公众号、服务通知、支付后关注等线上触点，门店、海报等线下触点，以及红包雨、社交立减金等社交触点和社交广告等商业触点，以触点组合规划运营节奏，进而形成完整的数据沉淀。从转化效率上看，不仅跳转微信支付的通路极为便捷，注册、领券、购买的全流程也流畅度极高——更短链的连接，必然意味着更高效的转化和更快速的变现。

同时,小程序商城还具备极强的自定义属性。作为一个开放的运营架构,零售商可以根据行业属性、用户需求以及商品特性,小到功能、大到模式,完成更加多样自主的个性化设计。比如运动鞋服品牌 Vans 在小程序商城上线了一个有趣的功能——3D 识别,通过打通后端商品库,消费者在任何场景看到喜欢的 Vans 鞋,都可通过小程序"扫鞋"自动识别查找同款下单,如微信的摇一摇识曲一般。一个小小的"扫鞋"功能,不仅带来更加场景化、即时化的连接方式,也在公众号的跳转、搜索、菜单之外,创造性地增加了小程序商城新的打开路径。

最为重要的一点,小程序官方商城能够形成全时全域触达"云用户"、完成交易转化并持续沉淀"私域"用户和数据的完整链路。这也是其与平台电商的最大区别。小程序官方商城适用行业与特征属性举例见图 4-2-1。

通过一组数据就能看到,消费者对于小程序购物的热情在不断高涨。在微信发布的《2019 年小程序"买买买"报告》中,品牌自营类小程序数量同比增长了 1 倍以上,仅在 2019 年 11 月 1—11 日,就有超过 1 亿消费者访问各类商家的小程序官方商城。2019 年腾讯全年财报也披露,2019 年小程序交易总额超过 8000 亿。毋庸置疑,消费者已经开始将小程序商城作为主要的购物渠道之一。这也促使更多的零售企业加入小程序商城的模式探索之中,设定客观的生意指标，建立专门团队正规运营，形成一个良性的生意循环。

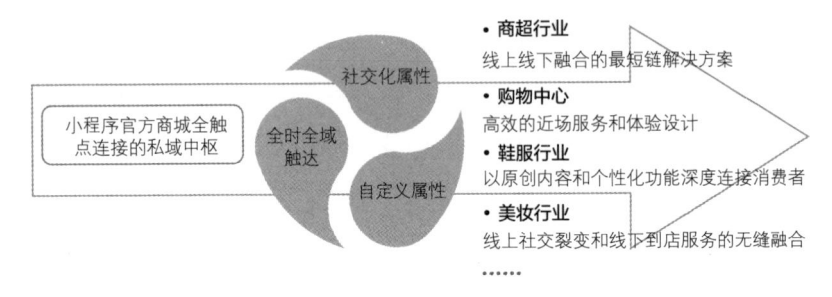

图 4-2-1　小程序官方商城适用行业与特征属性举例

该如何定位小程序官方商城？流量从何而来？如何持续地运营？这些是商户普遍关注的问题。首先，官方商城的定位应该与品牌所追求的目标相结合，梳理各阶段的目标，究竟是追求短期内在销量上的突破，还是希望提供长期的服务价值，都需要品牌结合自身情况理性思考。通常，制定一个量化的销量或者用户资产目标，可以更好地激励团队。小程序便捷易开发的特点，能支持团队快速迭代、短期见效，增强团队对新业务的信心。其次，小程序官方商城与智慧零售的"触点管理""以用户为中心"的理念一脉相承。线上线下多达 60+ 触点，品牌可以选择适合的触点自由组合运营，给小程序官方商城提供源源不断的私域流量。例如"企业微信＋导购＋直播＋社群＋朋友圈广告"是许多品牌都会选择的门槛低、见效快的触点组合，社交小游戏和社交立减金的搭配很适合裂变推广，是可配合定制化开发的触点组合。最后，在管理上，应该考核每天有多少新用户和现存用户访问，有多少用户客单和多高的复购率等，追踪每个触点的用户访问指标，不断推进各触点的用户管理优化。

这其中，优衣库、丝芙兰和联想三家国际知名企业，不仅依靠各自独特的模式，充分展现在微信生态中的创新自主性，也为所在行业带来了宝贵经验与运营方法论。接下来我们将围绕这三个典型案例，与各位一起深度探究小程序官方商城如何成为零售企业连接全触点的"私域中枢"，希望能给读者带来启发。

优衣库：
"掌上旗舰店"全时全域"服适人生"

可以设想这样一幅画面：你出差已经抵达外地机场时，发现忘带需要的衬衫，无论直奔商场还是在电商订购等待收货，都解不了即将奔赴一场重要会议的燃眉之急。而优衣库提供的解决方案是，打开优衣库"掌上旗舰店"小程序选好款式下单，到达酒店的同时衬衫也从就近的门店或仓库发货，刚好送达。

越来越多的生活、工作场景呼唤需求与满足的无缝衔接。消费者对即时满足的效率期待慢慢延伸到更多场景。优衣库敏锐地洞察到了这一点。

2017年年初，优衣库全球CEO柳井正在股东大会上正式发布

"有明计划"：坚持以"服适人生"作为商业理想，将优衣库变革为一家将科技与生活融合的零售商，以最快的速度，在任何时间、任何地点提供给消费者想要的商品。

以消费者为中心，提供即时便捷的服务，对传统零售商并非易事。消费者需求分散、多变，难以精准预测，更难以捕捉。而从市场调研、设计、生产、上架、营销、消费者评价、反馈到供应链，这一链条从来都很漫长，整个流程对消费者需求的反应时间长且滞后，且难以做到及时精准地匹配供需，降低库存。

为克服这一滞后性，实现"以最快的速度，在任何时间、任何地点提供给消费者想要的商品"这一目标，意味着零售商需要对"设计—生产—销售"的链条进行革新。而这一链条的起点，离不开真实的消费者数据的积累。

优衣库从2018年开始，着力搭建"掌上旗舰店"线上自营业态，并逐步覆盖官网、App和小程序官方商城等多种形态。通过"掌上旗舰店"融通线上线下，优衣库实现多触点的精细化运营，沉淀真实精准的自有数字资产。

"掌上旗舰店"上线之初，主要在于提升消费者的便利性——第一时间看到产品资讯、优惠信息，随时随地预购新款、一键下单。正如优衣库大中华区CMO（首席营销官）吴品慧对零售发展的理解，"更聪明、更有效率地做事情，最终的关键点还是产品和服务体验"。

这种便利性意味着对消费者即时性需求的更好满足,从固定时间、固定地点的销售形式,转变为全时全域的需求激活。举个例子,假如用户今天在门店逛街,看中了一条裙子非常喜欢,但缺货断码。这时为了获得心仪产品,消费者可以打开优衣库小程序官方商城扫商品条形码,查看包括门店、网店在内全渠道的库存信息,选择合适的尺码一键购买快递到家。如果你在出差,一下飞机就要赶去参加重要的会议,却发现没穿对衣服。这时候你打开优衣库小程序官方商城,发现在开会地点旁正好有一家优衣库门店,马上在小程序上下单,选择"到门店提货"。无论是小程序下单门店提货、门店扫码下单快递上门,或者A地下单B地取货,消费者都可以根据自身的状态和环境,选择最便捷的购买和提货方式,从而让流程变得短链高效,线上线下无缝衔接,购物体验效率大幅提升。

2018年12月优衣库小程序官方商城上线刚2个月,优衣库大中华区CMO吴品慧分享道:"全国有将近700家门店,这是很复杂的体系。怎样在这么复杂的体系里做好线上线下整合?我觉得我们非常重视执行以及顾客的体验需求……怎么样给到顾客最聪明、最安全、轻松的环境,看起来不重要的东西反而最重要。"

比如,要做什么商品?怎么更好地呈现商品价值?卖场应该如何营造更好的消费者体验?应该如何给予消费者更好的搭配建议?……这些都是优衣库中国的管理团队围绕消费者体验不断思考和优化的具体问题。

举个例子，优衣库的服饰以基本款为主，为了帮助粉丝通过搭配穿出自己的风格，2019年年初优衣库小程序官方商城推出了"小优种草社"。这是优衣库为粉丝量身定做的具备内容和社交属性的个性化功能，将个性化玩法引入自营业态。"小优种草社"为消费者提供官方推荐的穿搭风格，以及来自时尚博主和"素人"的穿搭分享。借助围绕内容的用户交互，优衣库更好地实现了生活方式传达和社交激活，帮助消费者更快做出购买决策。

融合便利性、个性化与美学消费体验，"掌上旗舰店"成为优衣库"数字销售零售公司"定位升级的有力抓手。但数字化战略在具体落地过程中，也会面临诸多挑战。首当其冲的便是流量问题。去中心化的自营业态运营门槛较高，在没有"中心化"平台流量划分机制的情况下，如何才能保证获得稳定流量？

优衣库的粉丝运营在业界颇受称道。以微信公众号为例，优衣库不断优化后台功能配置，及时响应粉丝需求。就这样，优衣库"宠"出约2000万的订阅用户，仅公众号这一个触点，便为"掌上旗舰店"提供了相当稳定的流量。负责合作优衣库的腾讯智慧零售项目经理对此也记忆深刻，"在掌上旗舰店刚上线时，有五成左右的流量就来自公众号，启动非常迅速"。

公众号的粉丝转化成就了"掌上旗舰店"的种子用户，但是如何实现持续的用户增长，才真正考验组织能力。优衣库激活了更多的触点，如门店触点、商业广告、社交裂变等。以门店为例，优衣库进行"军事化管理":保证每家门店的宣传屏和标语等整齐划一,门店广播不间断介绍"掌上旗舰店"的服务细则,门店的每位店员都将推广话术倒背如流。"扫码购"的普及、针对门店客流的持续宣传和教育、店内各触点的精细运营,进一步反哺"掌上旗舰店",带来了可观的引流。优衣库"掌上旗舰店"运营模型见图4-2-2。

整合变现多触点流量		线上线下融通,随时随地购买	
• 线上自有触点 公众号 模板消息	• 线下自有触点 线下门店 海报引流	线上	随心看 ---- 社交口碑推荐 随心逛 ---- 多平台入口 随心购 ---- 一键下单 随心分享 ---- 即刻分享
• 导购社交触点 种草口碑传播 社交立减金	• 商业触点 社交广告精准投放 广泛拉新	线下	线上下单,门店直送、退换货 门店缺货断码,扫码购线上下单

图 4-2-2 优衣库"掌上旗舰店"运营模型

线上线下全方位的触点组合运营,对运营细节的严格要求,让"掌上旗舰店"很快实现用户的"原始积累"和"持续供给"。在2018年优衣库的"热力11狂欢购"中,"掌上旗舰店"一经上线便获得喜人的销售成绩,令腾讯智慧零售项目经理现在仍感到惊叹。如今"掌上旗舰店"每月登录的消费者已超百万人次,这一数字还将伴随优衣库在智慧零售的持续发力不断飙升。

"掌上旗舰店"的引爆成为优衣库数字化升级的一个重要里程

碑——不仅带来用户和销售的增量、数字资产的大量沉淀，更有意义的是打消企业内部的犹疑和不确定，进一步巩固企业数字化升级的共识。

整个零售业都在探索线上线下融通，但真正执行到位，做出成绩的零售商却凤毛麟角。优衣库做到了，为消费者提供了一体化的全渠道服务和体验。

线上下单、门店提货，门店缺货断码时通过"扫码购"下单——这种全渠道"随时随地扫码购"的实现并非易事，需要对线上线下、各门店之间的库存、系统、数据等进行融通，市场、运营、IT（信息技术）、销售、供应链等部门要有统一目标。流畅高效的全渠道购物体验背后，是从前端到后端的系统性改造，是销售、库存管理、生产乃至内部工作流程的全方位数字化。若没有技术支撑，没有数据中台，全渠道购物便无法达成。"其实难的不是策略、品牌，是企业怎样协调行动。优衣库的经营守则里最重要的是顾客思维、顾客价值的创造。部门不是只做自己的事情，而是有共同的目标，帮助顾客实现需求。"凭着这样的信念，优衣库的各个部门通力协作，为长远的消费者利益真心地投入和付出。

依托强大的品牌号召力，优衣库通过对自营业态充分布局，构建以消费者为中心的极致敏捷触达方式；通过线上、线下、社交和商业全触点运营，沉淀自主可控的用户数字资产；以服务顾客为统一目标，让各部门之间达成密切配合。

如今越来越成熟的掌上旗舰店,有专门的运营团队,明确的分工合作,清晰的执行方法和绩效考核。用户和销售的稳定增长是对团队努力最好的认可。"掌上旗舰店"必将成为长远的全渠道战略中越来越关键的角色。

优衣库坚持"服适人生"的初衷,不断探索与时俱进的数字化升级打法。"这种能够为任何消费者,在任何时间、任何地点,提供高品质日常服装的能力,将会让我们变得更特别。"优衣库创始人柳井正曾如是说。

丝芙兰:
以"人"为核心,布局全渠道闭环

创立于1969年的丝芙兰(SEPHORA),于2005年进入中国,经历近15年发展,已在全国76座城市开出近250家门店,始终占据高端美妆市场份额第一的位置。

面对当下消费者需求更加多元、商业竞争更加激烈、新技术应用更加快速的零售市场,守住成绩并不容易。丝芙兰在发展中也不断摸索,得出一套自己对零售原则的"本真"理解。"(丝芙兰的)秘诀在于能抓住人。零售体系当中,人是最大的变数,如果能够预测并抓住人的购买心理及行为,更早提出迎合他们的解决方案,就能够在零售前端永远创造新的突破。丝芙兰正是在这样的理念下,竭尽全力为每一位消费者提供最适合的'美力方案'。"丝芙兰大中华区总经理陈冰（Maggie Chan）这样总结丝芙兰的思考。

始终以"人"为中心，需要对消费者的变化始终保持领先半步的敏锐。"中国消费者已经表现出全渠道消费特征，线上线下不存在清楚的分界。"陈冰非常确定，尽管线下是长期以来积累的优势阵地，但为了更近地走到消费者身边，依然要做出新的改变——以消费者为中心进行全渠道布局，在任何地点、任何时间，通过产品、服务和内容触达消费者。

在 2006 年，刚进入中国市场两年的丝芙兰，便搭建出自有电商平台——丝芙兰官网，在满足线上购物需求的同时，建立了除门店外可直达消费者的渠道；之后上线的丝芙兰 App，则为用户专门打造了便于移动分享的"美印社区"；而今天，当微信成为消费者最重要的社交场景时，基于微信生态的小程序官方商城，自然成为丝芙兰全渠道布局的重要一环。小程序官方商城在线下门店和自营官网、App 基础上，帮助丝芙兰发挥社交和线上线下一体化的潜力，更有效触达到更广泛的消费者，积累和运营私域化用户。

丝芙兰上线小程序官方商城，旨在满足线上购买、线下服务的用户需求，同时营造社区氛围，鼓励消费者分享真实的"美力生活"，打造便捷、有温度的全渠道消费体验。

美妆消费者其实不难理解。一类消费者看到别人的推荐立马被种草继而加购，通过触达渠道直接购买；另一类消费者，则坚持一定要自己亲自到店试妆体验。全渠道的布局，就是为了满足这两类消费者的需求。

选择小程序官方商城作为全渠道的关键一环，丝芙兰看重的不仅是由于它能嵌入微信生态激活社交能量，同时还可保证消费者使用的便捷性和友好性，保证线上线下的顺畅连接。对于将线下服务优势延续至线上，借助社交话题更好地完成消费者激活，微信生态提供了必不可少的土壤。

所以，对于打造小程序官方商城这一决定，丝芙兰总部很快形成共识，要在中国市场跑出基于微信生态的零售新模式。丝芙兰亚洲区总裁胡伟成就是这一决策的积极推动者，他和团队在90天内就做出了加码小程序的决定。

丝芙兰的小程序官方商城历经了从完善服务功能、激活社交裂变再到精细化运营的不同阶段。

对于高端美妆渠道而言，到店的体验至关重要。丝芙兰团队在小程序上整合了线上商城、会员中心、门店服务预约等一系列功能，在离店时刻也为"云用户"提供无微不至的服务和关怀。

同时，丝芙兰将小程序商城打造成用户社交裂变的阵地。微信生态承载着如公众号、KOL、直播、社区等不同工具和玩法，启发了丝芙兰对社交玩法进行深度挖掘，激发了许多灵感创意。

例如丝芙兰联合娇兰、纪梵希等大牌推出小程序专享独家首发活动，配合"好友助力赢取好礼"的社交裂变机制，激活用户朋友圈。这样一套"组合拳"带来显著的拉新效果,新用户转化成本较传统渠道降低30%。在圣诞、元旦的年末欢庆时刻,丝芙兰适时推出"冰雪派对"社交小游戏,消费者可在玩游戏的过程中获得专属优惠券,还可以即时分享给好友,邀其一起竞赛。小游戏帮助丝芙兰拓展新客的同时又能激活老客,领券后又能在小游戏内一键跳转至小程序商城,便捷的设置有助于核销购买促进成交。

小程序官方商城已成为丝芙兰全渠道零售极为重要的一块版图。而丝芙兰对全渠道零售的战略坚定性,源于对趋势变化的敏锐感知,这种敏锐来自组织自上而下的同理心,每一位员工会将自己作为消费者,作为趋势变化的标本,为丝芙兰的战略选择提供建议。而"拥抱变化"的积极心态也是丝芙兰引以为傲的组织文化。"在十多年中,一路探索着前行,逐步调整,不怕尝试,无惧失败,不停前进,不断进步。"陈冰说道。

合理的激励机制和"整合且灵动"的组织架构,支撑着小程序商城的快速推进。为确保一线导购人员对于全渠道零售的理解和执行到位,丝芙兰推行全渠道打通的KPI,鼓励每一位导购人员不只关注所在门店或渠道的销售额,还要围绕每一位消费者所需,充分调动丝芙兰的全渠道能力,提供个性化和多元化的购买建议和服务体验。

所谓"整合且灵动"的组织架构,整合的是IT系统和数据能力的全球共享,以此成就更完整的数据中心和决策中枢;灵动来自总部对于区域市场的充分授权,这也是丝芙兰作为跨国企业,能够快速以全渠道零售姿态拥抱中国市场的特殊性,完成全渠道布局的组织保证。

丝芙兰小程序官方商城的落地,构建全渠道闭环,提供无缝衔接的产品与深度服务,创新社交玩法,凝聚消费者参与热情和获得用户的裂变增长。这些探索也为高端美妆行业提供了借鉴。丝芙兰小程序官方商城帮助消费者"打开美力"的丝芙兰,以全渠道零售闭环打开高端美妆行业的"数字之力"。其运营模型可概括如图4-2-3所示。

丝芙兰小程序官方商城
以人为核心布局全渠道零售闭环

完善服务功能
- 线上商城
- 会员中心
- 门店服务预约

激活社交裂变
- 美力直播
- 独家品牌活动
- 社交小游戏

全渠道零售闭环
- 无缝衔接产品与服务
- 全渠道的精细化运营

全渠道零售的组织保障

合理的激励机制
全渠道打通的KPI

整合且灵动的组织架构
IT系统和数据能力全球共享
全球总部对区域市场充分授权

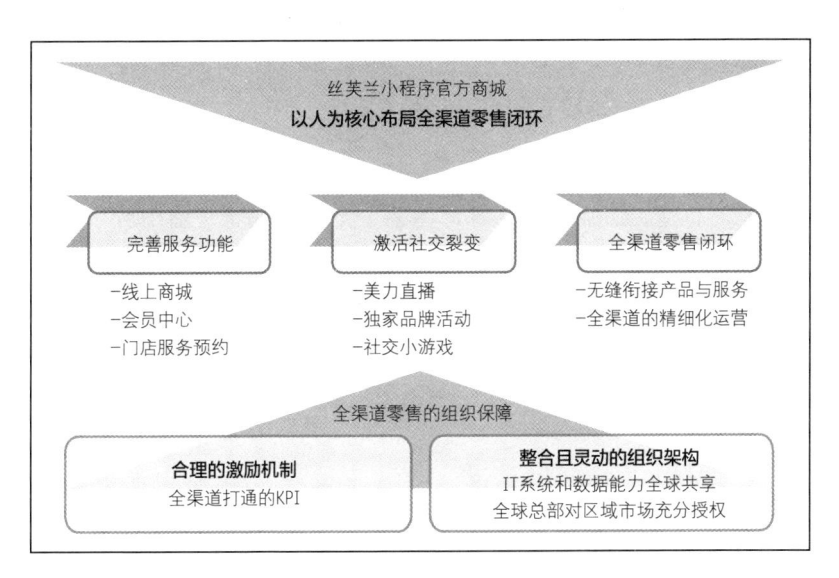

图4-2-3 丝芙兰小程序官方商城运营模型

联想乐呗：
进化"类连锁模式"，构筑线上"规模效应"

联想 30 多年的发展历程，可以从洞察消费市场的反向"进化"来梳理概括。

20 世纪 90 年代初，伴随中国市场的开放，创业不久的联想在业内建立"代理分销制"，引爆中国市场 IT 零售的第一次变革。联想借此迅速搭建起全国销售网络，用密集的"毛细血管"阻挡戴尔、惠普等国际品牌的进攻。1998 年，为建立规范的服务体系，联想在 PC 业界率先开创"专卖店模式"。通过培训、上门服务、用户诊断等形式，满足 IT 消费者购机和用机的全生命周期需求。这一"进化"，不仅牢牢把控城市市场，还以此为契机下沉，"深挖冻土层"，渗透县乡镇，站稳国内市场。第三次"进化"则从 2012 年开始，联想着力打造 PC 品类的"4S 店体系"[1]，围绕销售"前中后"的专业化一条龙服务，增强线下门店的体验性，强化服务能力。经过 5 年时间，联想已在全国 60 多个城市开出 140 多家 4S 店，开辟国内 PC 厂商的新运营模式。

---

1 "4S"中，"Sales"是指联想官方授权，提供专业化品质保障；"Service"代表亲民 IT，提供一站式保修服务；"Super VIP"即官方会员服务；"Seamless"即线上线下同步，提供全品类产品及服务。

在新一轮零售数字化浪潮中，联想围绕用户的"进化"思维，聚焦如何利用好数字化工具，有效管理庞大的经销商体系，赋能线下门店获得更多流量，实现业绩增长。

这种"进化"诉求，与传统的"门店+电商"模式有着显著不同。联想需要平衡总部与经销商之间的关系，还要平衡经销商之间的竞争关系，才能实现整个渠道生态共同发展。"千店千面"小程序的创新解决方案，为其带来了不错的成效。

联想的做法是联合"智慧零售服务商"微盟，上线"联想乐呗"小程序官方商城，打造"类连锁模式"：在微信生态内搭建一个平台化线上线下融合连锁体系，每一家线下门店都在小程序商城拥有对应的线上入口。这既能够让线下门店具备数字化零售能力，又可以实现各经销商间的"抱团作战"，强化联想的品牌和私域流量聚集优势。

简言之，经销商在联想乐呗上，联合构成了线上的连锁门店体系，共同为消费者提供服务。根据业务需求和痛点，总部团队通过接入微盟智慧零售解决方案，让各经销商轻装上阵"拎包入住"。在乐呗统一的小程序之上，不同经销商门店可以匹配独有的入口，并通过近百种营销工具，随时申请发起符合自身门店的营销活动，做到"一个商城，千店千面"。乐呗商城积累的私域流量可以为门店贡献生意增量。用户在乐呗商城购买的产品可以选择送货到家，也可以到门店自取。不想在线购买的用户，也可以通过联想乐呗查找自己身边的联想门店，到店体验后，可通过小程序下单购买送货到家。

联想乐呗的千店千面"类连锁模式"，无疑是基于小程序官方商城赋能和导流线下门店体系的一次创新。乐呗商城小程序的上线，不仅对用户非常方便实惠，对渠道的客户管理和运营能力更起到了巨大的提升和推动作用。

这个项目的推进并非一帆风顺，在起步的时候面临着诸多挑战。其中一个难关便是如何点燃经销商积极参与的热情。作为项目的推动者，联想OMO（Online-Merge-Offline，一种行业平台型商业模式）项目及联想乐呗商城、联想乐呗U店负责人张诚分享了联想乐呗的创建初衷："我们品牌商只是一个搭台的角色，真正唱戏的是所有授权、加盟的合作伙伴。关键是要让他们愿意参与进来，从实体门店'坐商'的思维，转向围绕客户旅程、推进线上线下融合的思维，进化到我们所倡导和探索实践的融合零售业态。"

"转变思维"虽然只有四个字，但分量不轻，知易行难。这一方面需要努力打消加盟商的顾虑，另一方面平台的基础设施也得做硬做强。联想乐呗在搭建时，就围绕两点做了重点设计：一是流量私域化分配，二是优化供应链设立云仓和自动分账体系。

经销商对乐呗最大的顾虑是，在线上流量的分配上，是否会加剧不同经销商间的竞争，最终损害的还是线下门店的利益。联想乐呗为了解决这一问题，重新设计了流量分配的逻辑。联想乐呗最大的私域流量来源之一，是联想公众号的1000多万粉丝，通过公众号跳转小程序后，会优先根据经销商门店的地理位置、服务内容进行流量分配——消费者可以获得距离最近、服务最优的门店推荐。联想和微盟最初对智慧零售解决方案进行设计时，就充分考虑了加盟和直营业态的特点，围绕人、钱、权三个方面，充分释放经销商的自主权。这一做法，给经销商的传统竞争带来新的平衡，使竞争更为公平有序。

对应前端的小程序商城，联想在后端也建立了与之配合的"云仓模式"。依托可靠的物流和前置仓能力，帮助入驻联想乐呗的经销商实现"全SKU上架销售"。消费者通过任意门店在联想乐呗下单，"云仓"都可以直接发货。解放了门店在库存、资金占用和履约交付等传统的零售运营压力，让其将主要功能集中在更好地吸引和服务消费者上。而在利益分配模式上，从云仓直发消费者的货，借助微信支付体系即时自动分账的能力，订单金额进入经销商微信支付商户号后，成本自动分账至联想，利润全部留归经销商。

解决了流量和供应链的后顾之忧，经销商可以在联想乐呗以全网统一价格，向消费者提供产品。这也在倒逼其提升自身服务能力，当"货"不再是限制，门店就要围绕着客户去重新定义真实价值，回答"到底还能给客户提供什么服务"的问题。

为了推动经销商转变思维，联想也组织了"虎贲特训营"新型赋能模式，对核心经销商进行智慧零售的转型升级培训，一起回答新的"问卷"。2019年6月联想乐呗刚上线,就有369家门店入驻,在6月18日一次活动中,实现会员注册59000人,单日销售713单,其中120单由云仓交付。[1] 截至2019年9月,已经有440家门店入驻联想乐呗。

随着入驻的经销商门店越来越多,联想乐呗的规模效应也愈发明显。按照张诚和团队的设想,"通过平台化方式,将门店聚合在联想乐呗共同管理,让专业物流团队、商务团队解决运营问题,实现成本降低和集中效应"。而源源不断的私域化流量聚集,最终又反哺线下,发挥"类连锁模式"线上线下协同增长的优势。

围绕小程序官方商城打造"类连锁模式",联想乐呗使融合零售新业态落地,给出了新的玩法启示,为同样需要管理众多经销商的零售企业提供了示范样板。以经销商为主要销售渠道的品牌方,总部需要思考如何赋能,让双方共同获利,只有经销商和总部抱团作战,处理好利益切割,才能实现增长。由总部牵头完善小程序商城,特别是解决流量、库存和分润等核心环节,能够降低经销商的运营风险和试错门槛,同时增强总部对品牌形象和私域流量的控制,是高效管理的办法。

今天,联想乐呗已经是联想数字化升级进程中轻盈和高效的关

---

[1] 联商网. 联想OMO智慧零售携手微盟带动2000余家门店"上云"[EB/OL]. (2019-08-07). http://www.linkshop.com.cn/web/archives/2019/430024.shtml.

键板块。它打造的类连锁融合零售模式，支撑着线下门店数字化整合和转型的"进化"新阶段。在联想乐呗提供的平台之上，不断入驻的经销商，从线下各自为战的"散兵游勇"进化为线上线下融合抱团打天下的"集团军"，它们打开了一片新的天地。图 4-2-4 为联想乐呗小程序官方商城运营模型。

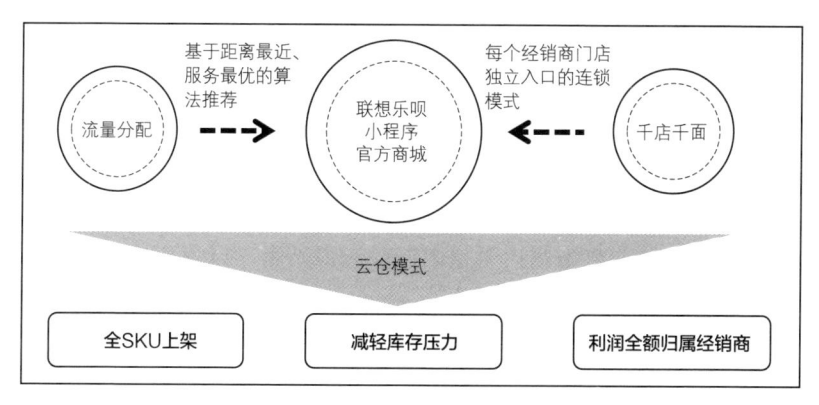

图 4-2-4 联想乐呗小程序官方商城运营模型

第三节 官方导购："场"的私域化延伸和触达

在零售行业，"导购"是一个特殊且重要的角色。一个规模化的零售企业所拥有的导购数量，通常少则上千，多则上万。对企业而言，导购不仅是名副其实的消费者信息反馈收集单元，也是提升运营效率和业绩增长的重要"生产力",是非常重要的私域资产。

在传统零售模式之下,导购的价值并未能得到充分挖掘。他们数量众多但带来的效益却参差不齐,一如超级导购CEO彭一的形容,"(导购)就像在盐碱地里种小麦,量大、人散、单产低"。

这一困局与线下业态一直以来的经营模式有关:导购受制于门店物理空间限制,只能在店内被动等待顾客进门,门店的自然客流成为导购业绩的天花板;虽然在门店中,导购能与消费者进行一对一的深度交流,却很难在消费者离店后再次触达,沟通效率极低;此外,导购群体离职率高,平均在职时间6~8个月,人员流失也不可避免地导致客户资源流失。

如何让导购突破门店时空限制触达消费者,以形成持续不断的消费者沟通和转化,有效地为品牌沉淀"云用户",成为破解导购业态发展瓶颈的重中之重。这也是".com2.0"私域业态之二"官方导购"思考的出发点。"官方导购"是在微信生态的数字化助力下,将导购打造成线下场的延伸,使其不再受限于物理门店,而具备触达和沉淀云用户的能力,形成能够承载规模化交易的新型私域业态。

如何让导购变成可规模化经营的成熟业态,是大多数品牌心中的疑问。智慧零售与合作伙伴经过长期实践,将官方导购的能力模型与不同角色定位和行业特征结合,形成了三种被实践验证有效的典型模式,分别是购物助手、话题专家和私人伙伴。

购物助手是指导购借助以微信为代表的移动社交工具,为顾客提供商品、活动信息和便利服务，核心要求是能够快速、准确地传递信息和个性化地响应需求。最便捷的方式，便是导购充分使用自己的微信关系链，将其开发为信息发布的窗口，使其成为解决售前售后问题的通道。为解决官方导购能够实现更加规模化的管理和高效化协助的问题，"导购+企业微信""导购+直播"等方式就被进一步延展出来。

比如，歌莉娅就是利用"导购+企业微信"的方式，建立了自身的购物助手模式。导购使用企业微信与微信连接的功能，添加顾客微信、发布朋友圈，维护客群关系，实现线上客户触达、运营和交易的闭环。企业则可以批量管理导购，为他们提供经过筛选和编辑后的优质营销素材，管理业绩和顾客，即使导购离职也能留存顾客信息。这既是运营效率的提升，也是稳定性的保证。

小程序直播功能推出后，完美日记、innisfree、太平鸟、天虹、梦洁等企业跃跃欲试，"导购+直播"的形式，营造更深的沉浸感和交互感的顾客沟通方式，让导购真正变身品牌的"官方专业带货网红"。

天虹商场的上千名导购和38位区域总经理，联合品牌通过微信小程序、企业微信群做直播，其中欧莱雅仅2020年3月6日一天时间，在天虹商场的直播就创造了208万元的销售额。[1]梦洁家纺

---

[1] 微信公开课.5万导购即将"全员直播"，天虹玩疯了，也卖疯了[EB/OL].(2020-03-16).https://mp.weixin.qq.com/s/OQtAGJ_tl4ldAlNHu4mR_g.

则通过3000多个微信社群导流,利用直播小程序互动,让门店导购将"一对一"的服务模式与"一对多"的直播效率相结合,4个小时创造了2500万元销售额。[1]天虹与梦洁依靠"导购+直播"模式,将线下的购买力延伸到了线上。

"导购+直播"不仅拥有强大的带货能力,也与线下的体验互补,在用户不能到店的时候,创造"云逛街"的真实感。中高端化妆品界的热销国货林清轩,在已经积累以导购为入口的微信朋友圈、社群、1v1等触达能力基础上,开始培训门店导购以直播、短视频等方式,向顾客分享例如面部SPA、日常专业护肤等有价值的内容。林清轩创始人孙来春甚至说:"门店以后招聘员工,除了问你懂化妆品吗,你会美容手法吗,你会卖货吗,还会加一句你会直播吗。"无疑,直播已经被视为购物助手模式的有效方式。

导购作为离消费者最近的品牌专家,了解一手的用户和商品信息,具有品牌的专业性知识储备,他们除了作为购物助手解决消费者的问题,其实还有很大的潜力可以主动去创造更多的价值。类似美妆、母婴、数码等高知识密度的领域,导购很适合在第二种典型模式——话题专家——中发挥潜力。

话题专家一般是由专家人士引领组建高黏性社群,发布高质量

---

[1] 亿邦企服平台. 小程序直播4小时销售额破2500万 梦洁家纺是怎么做增长的?[EB/OL].(2020-03-15). https://mp.weixin.qq.com/s/FoYBFSkF9MahKOV2I-ODfQ.

内容，帮助消费者与志同道合者形成群体归属。导购凭借在前线积累的经验，对所服务的用户和售卖的产品了如指掌，具备担当话题专家的能力。导购在社群中除分享信息、提供便利，还可以发挥专业知识储备，主动传递功能类、学习类内容，发起有趣、有用的话题，增加与消费者的沟通频次，形成更有质量的互动。同时，因为导购与社群中会员的关系较为密切，可以让话题内容天然具备交流与分享属性，活跃群内讨论，赋予口口相传的裂变的可能性。

孩子王的育儿顾问就是话题专家的典型代表。她们不仅以朋友圈、社群或是微信1v1方式发起话题和解答问题，甚至提供到家的顾问服务和具体帮助。育儿顾问的专家属性成为孩子王重要的品牌名片，传递着品牌的专业性和价值观。同样，运动鞋服领域也非常适用话题专家模式。一方面，在运动类产品的消费中，涉及大量关于产品材质、功能、保养的知识，需要专业解答；另一方面，在运动爱好者群里，本身就存在关于运动项目、运动明星等高黏性话题，还能组织线下兴趣同好会，如集体夜跑、马拉松召集等活动。基于相同的兴趣爱好，用户更容易被好的话题高效组织，形成共鸣。

整体而言，购物助手、话题专家大部分是导购以"一对多（1vN）"的方式向消费者提供服务。还有一些特定品类，因为消费对于服务私密性、陪伴感、高度信任感或是尊贵感的要求，往往需要由"一对一"的深度服务来实现，这一导购类型被定义为私人伙伴。

私人伙伴的模式更适合高客单、高净值人群、决策门槛较高的消费领域，比如奢侈品、医美、高端文旅等。这些品类通常客单价高，消费者对产品品质、生活品位和服务质量的要求较高，导购与顾客在长时间陪伴中积累的信任程度在很大程度上影响着交易转化和持续复购。

奢侈品就是典型的以"高端私人顾问"来定义导购角色，即便是产品推荐也不是标准化的规定动作，而是针对每个顾客的偏好，提供个性化的推荐和关怀服务。通常顾客也会出于对品牌的深度热爱和信任自然而然地购买同一品牌的关联商品，单客贡献的销售额比较高。运动器械品类也是如此，其产品客单价高、专业性强，并非日常刚需，导购往往需要通过长达3~6个月的深度"种草"，才能最终实现交易。简言之，私人伙伴模式更看重长期的、润物无声的顾客连接，长期维护客群关系远比短期获利更为重要。

购物助手、话题专家、私人伙伴都是官方导购私域业态实践的有效模式。连接的"温度感"是其不变的内核，真正被信任的关系才能拥有可持续的转化。官方导购的这三种典型模式可归纳如图4-3-1所示。

从品牌的痛点切入，这几种模式可以单向运用，也可以组合使用。选择好模式后，更重要的是运用数字化工具进行规范的统计和管理，量化每一种模式的指标，将KPI落实到导购、门店经理、区域经理，自上而下地考核新用户和现有用户的客单价、复购率等指标。打通了绩效，让经理和导购都把它当作日常工作的一部分，在关店或者门店客流较少的时候自觉在微信上运营顾客，才有可能推进导购模式的常态化和业态化。

官方导购的三种典型模式

	购物助手	话题专家	私人伙伴
模式描述	借助以微信为代表的移动社交工具，为顾客提供商品、活动信息和便利服务	一般是由专业人士引领组建高黏性社群，发布高质量内容，帮助消费者与志同道合者形成群体归属	提供个性化专属互动，成为消费者生活的一部分
诉求满足	快速、准确地传递信息和个性化地响应需求	增加与消费者的沟通频次，形成更有质量的互动	特定品类中对私密性、陪伴感、尊贵感的要求，提供1V1服务

图 4-3-1 官方导购："场"的私域化延伸和触达

在探索中，对于官方导购私域业态的运用已经诞生了许多标杆性的企业。我们将通过孩子王的育儿顾问、绫致服饰的时尚顾问、梦洁家纺的家居导购这三个案例，帮助大家深度理解导购业态如何在弹指间创造千万生意。

孩子王：
KOL 型"导购"，实时在线构建专业、有温度的连接

五星控股集团董事长、孩子王创始人汪建国，曾在一次授课分

享中讲述一个"300万元教训"的故事。

2006年，在五星电器的一个合作项目中，公司需要花费300万元调查顾客的消费决策。他原本认为这个钱花得不值。顾客购买五星电器的商品，无非是看中价格、质量或者售后服务，这些动机汪建国再明白不过。但调查报告的结论却令他错愕：在该项目中，影响消费者决策的直接因素，居然是消费者对门店导购员的信任。

这个推翻既往固定消费者认知的"教训"，带来了创业和经营思路的改变，也奠定了日后孩子王的经营理念。2009年孩子王品牌创立，历经10年发展，已成为母婴零售领域的独角兽，2019年年底在全国拥有超过350家门店[1]，交易规模超过百亿元。迅速增长的业绩背后，是一条数字化升级背景下的新经营脉络：通过数字化工具，孩子王在步步夯实"经营顾客关系"的初衷——它"卖的不是商品，而是客户关系"。

经营关系显然远比销售商品更有难度。但已实现商品、用户、员工、管理等全部数字化、在线化的孩子王，已经探索出了一条独特的路径：一方面，以会员制深度绑定消费者，构建与品牌的强关系，将旗下近6000名员工打造为母婴专业顾问，成为品牌与消费者间实时在线的温度连接触点；另一方面，通过"人客合一"等数

| [1] 数据来自孩子王官方网站。

字化工具，借助微信生态，对门店私域业态及其他环节的数字化进行深度应用与探索，支撑育儿顾问实时在线精准连接会员。

孩子王的这一选择，其实是基于对母婴行业深刻变化的洞察。消费升级背景下的母婴市场，对于深度服务的诉求已然超越商品本身，成为新一代宝妈的刚需。孩子王联合创始人兼 CEO 徐伟宏分析这一变化背后的本质："80 后母亲更加注重科学的育儿方式"，她们需要专业的人和场所来获取经验分享。孩子王的"育儿顾问"便在这一背景下应运而生。

育儿顾问经验丰富，全部持证上岗，[1] 在育儿方面极具专业性。与业内零售门店导购大多数是"理货"的角色不同，育儿顾问并不直接推销商品，而是基于"理人"，为妈妈们提供服务与咨询。这成为其独特的店员制度——其本质是以专业内容为导向，以用户关系维护为主要 KPI 的门店导购。

但如何才能让宝妈与育儿顾问建立更高效的数字化连接，满足个性化和更为便利的服务？

微信生态为两者的连接提供最便捷和高效的数字化工具。其最关键之处在于建立了品牌与消费者之间的信任与情感连接，完成了会员服务的闭环。比如，通过一对一微信连接，育儿顾问能够快速

---

[1] 孩子王的育儿顾问，全员持有人力资源和社会保障部颁发的育婴员证书，大部分还具备催乳师证、红十字会急救证等专业证书。

提供专属服务。这符合孩子王的重度会员定位，将每一位消费者都当作企业的VIP顾客，深度经营用户关系。又比如，超级社群成为育儿顾问运营会员的主要渠道。在孩子王的会员制度下，每位育儿顾问至少服务500名顾客，部分高级育儿顾问甚至服务多达6000名顾客。育儿顾问服务的全渠道会员数已经超千万人，[1]形成庞大的私域流量池，分布在运营的3万多个微信群中。育儿顾问构建了"话题专家"的客情维护新定义：为孕期妈妈提供孕期知识咨询，为新手妈妈提供育儿经验指导，并不断分享原创育儿经验内容，成为用户心目中的"老师"和"专家"。

通过线上途径，顾客也可以随时了解育儿顾问的从业年龄、擅长领域、服务类目等信息，同时能够便捷地预约产后护理、乳腺疏通、婴儿理发、门店亲子游乐活动等。服务完成后支持直接打分点评，形成育儿顾问的口碑值。

基于育儿顾问实时在线的深度服务，孩子王与顾客间的信任与情感得到巩固。一个典型的例子是2018年6月一个深夜，一位妈妈乳腺炎发作，急需专业人员催乳。孩子王的两名育儿顾问得知微信消息后，立刻驱车前往87公里外的顾客家中，帮助这位妈妈解决问题。

---

[1] 数据来自孩子王官方网站。

基于数字化工具对用户的深度洞察，还体现为育儿顾问对会员更为精准的服务。一次，育儿顾问在为会员妈妈介绍孩子王的周末活动时，会员因为纸尿裤的型号没听清，又询问了一句活动商品包括哪些型号的纸尿裤。育儿顾问直接答道："您家孩子四个月吧，她穿的M号属于活动商品。"借助微信的标签系统，标注详细的会员和商品信息，育儿顾问可以对顾客的需求快速响应。

在频繁的信任互动中，消费的发生也就水到渠成了。通过线下数字化门店、App和小程序商城，顾客可以在孩子王全时全域消费。截至2020年6月，孩子王小程序累计用户已经超过2000万，最高峰时进入"阿拉丁网络购物榜"前10名，以及"阿拉丁指数TOP榜"前30名。

不可否认，孩子王重新定义了基于会员运营的"导购"角色。企业依靠门店定期举办顾客座谈会实现消费者洞察，利用"商品+服务+社交"模式下的各种活动完成消费者引流，基于全渠道数字化能力激活用户，通过有效的会员分类与数据分析，对"用户价值"深度挖掘。这一切在专业的"导购数字化"加持下，爆发出更强大的转化和留存能量。孩子王官方导购运营模型如图4-3-2所示。

零售行业中有不少重运营和服务的企业，在孩子王的案例中，可以发掘官方导购业态的许多有益经验：打造精于业务的KOL型专业导购与会员建立深度连接；利用社群、小程序等微信工具满足互动和服务会员的需要；打通线下门店，让导购为会员提供一体化的高质量服务。这构成了专业与信任的情感互动，让线上与线下紧密联动。

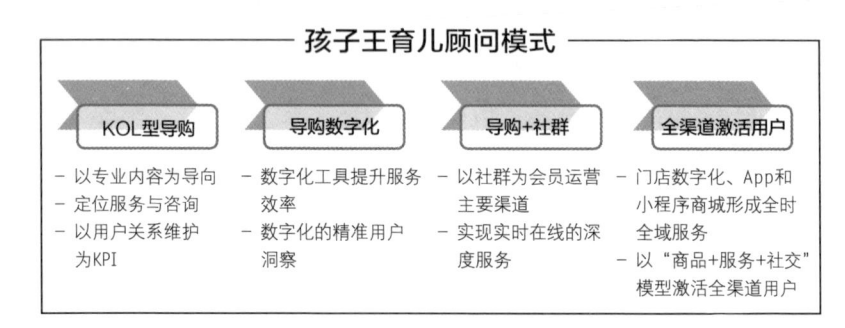

```
━━━━━━━━━ 孩子王育儿顾问模式 ━━━━━━━━━

  ┌─ KOL型导购 ─┐  ┌─ 导购数字化 ─┐  ┌─ 导购+社群 ─┐  ┌─全渠道激活用户─┐
  - 以专业内容为导向  - 数字化工具提升服务  - 以社群为会员运营  - 门店数字化、App和
  - 定位服务与咨询    效率            主要渠道         小程序商城形成全时
  - 以用户关系维护   - 数字化的精准用户  - 实现实时在线的深   全域服务
    为KPI            洞察            度服务          - 以"商品+服务+社交"
                                                      模型激活全渠道用户
```

图 4-3-2 孩子王官方导购运营模型

会员、育儿顾问和品牌已经形成了企业内部"三角形态"的强关系连接。在"经营顾客关系"的道路上，孩子王已经取得了不俗的成绩。围绕育儿顾问的重度会员运营，借助微信生态这一超级连接器，正在成为孩子王缔造"中国新家庭的全渠道服务平台"的有效黏合剂与助推力。

绫致时装：
"3WE"数字化工具体系，激活导购终端创新力

绫致时装在微信生态中试水，早在 2014 年就已开始，因为当时微信有一款新产品诞生了，就是微信支付，这让绫致看到了在微

信上承载商业场景的机会。当时，针对消费者在门店常见的缺号断码的真实痛点，绫致和微信团队一起开发了"扫码购"功能，如果消费者再遇到缺号断码的情况，仅需扫描商品吊牌二维码，就可跳转至微商城下单，享受送货上门，从而有效利用线上全局库存来解决单店缺号断码的问题。

不仅如此，微商城后台还会将订单关联到对应门店的导购工号，让每单业绩准确到具体的导购员。扫码购的上线，一年就为绫致带来约2亿元的销售增量。

同样在2014年，还发生了一个"蝴蝶效应"。绫致北京J. Lindeberg门店的一位店长，自发运用微信运营维护顾客关系、处理售后问题、增加用户黏度、促进拉新和销售转化。最后统计结果，这位店长在微信上所完成的销售业绩，就占到所在门店销售额的21%。这在绫致企业内部引起不小的震动。

"可以说，最好、最新、最灵活的创意，都来自终端。"绫致智慧零售前负责人刘东岳当时得知此事不禁感叹。所谓终端，指的就是能迅速感知缺货断码这一真实痛点的门店，以及能够自发认识社群价值的店长和导购。他们与消费者日复一日地沟通需求，从中培养出了非常接地气的灵感与创造力。

而将这些灵感和创造力借助数字化能力实现标准化、产品化，就是总部的任务。绫致的做法是，充分授权一线导购，将作为个例的创新模式，通过统一的技术开发、资源整合、组织保障，使其标准化和产品化，成为低门槛、可全员使用的效率工具，最终打造成熟的官方导购私域业态模型，实现业绩增长。

绫致拥有 8000 多家直营门店，35000 多名导购。"3WE"就是绫致顺应时势构建的创新模式和标准化的工具体系，助力导购高效经营客户，也提高总部对导购的管理效率。自 2018 年 3 月绫致上线首个导购小程序 WeMall 后，逐步完善"3WE"导购社交工具矩阵，包括 WeMall、WeMember 和 WePhone，以实现通过导购完成用户收集、分层转化和稳定留存的运营闭环。

WeMall 导购小程序是 3WE 矩阵中第一个推出的，即通过小程序为导购运营顾客关系，开发模块化的功能和内容，提升导购持续触达和运营顾客的效率。"推荐搭配""活动软文""转发单品"的功能满足导购在不同场景下内容沟通的需求，可一键分享促销活动、穿搭建议和明星单品到群聊和朋友圈，用户通过分享链接进入小程序购买；如果不喜欢用定式文案，导购还可以选择"自由组合"功能发挥创意，定制化地推荐个性化内容给不同顾客；"无师自通"的功能则是为了帮助新导购快速上手，同时促进导购之间的经验分享和互助；导购和经理还可以通过"业绩查询"及时收到转化通知，查看订单状态，监测和激励销售目标的达成。WeMall 导购小程序的内容由总部中心化内容团队提供，降低导购的学习和操作门槛；功能的设置也鼓励导购编辑个性化内容和服务。工作效率的大幅提升，让导购完成门店的销售工作之余，在闭店和门店客流较少的时候运用 WeMall 在弹指间创造千万生意。WeMall 运营模型见图 4-3-3。

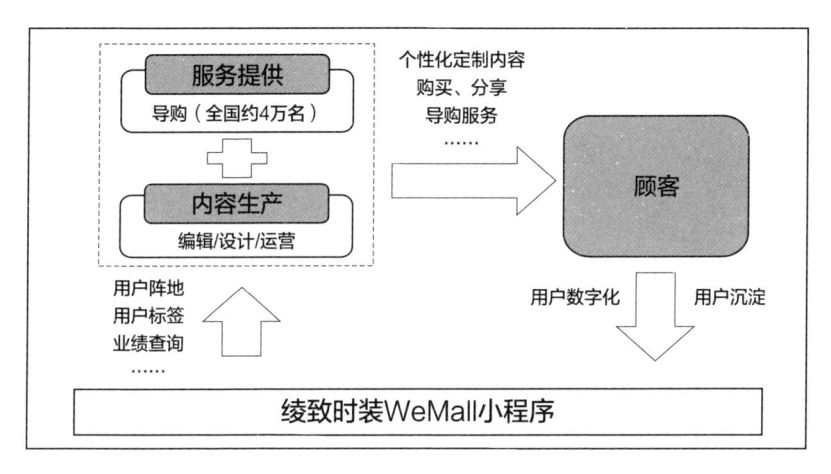

图 4-3-3　绫致时装 WeMall 运营模型

刘东岳对 WeMall 小程序的定位有三个：第一，通过总部掌控的优质内容更好地传播品牌，提升品牌力；第二，提供售前售后服务，通过把线下很多服务数字化，更好地在线上持续服务顾客；第三，为无法到店的顾客提供线上购买的服务。刘东岳的团队秉着"为了生意而做小程序，而不是为了小程序而做生意"的态度在推进每一项工作，让小程序成为线下门店在线上的重要补充而不是竞品，利用更紧密的全渠道模式把线下服务和销售做好，且一直主张重线下轻线上的思路推广数字化转型，鼓励导购在完成原本的门店销售目标的基础上，再运用 WeMall 完成额外的业绩增量。

WeMall 聚焦的是帮助导购经营和维护自己的微信顾客好友。WeMember 则是一个去中心化的会员管理小程序，让每个导购都可以脱离总部的 CRM（客户关系管理），自己运营自己的会员，无论是触达，还是权益的分发，做到去中心化和个性化，但同时这些也是在总部制定的规则和框架下发生的。WeMall + WeMember 为绫致集团构建了一个不断壮大、正向循环的私域用户流量池。

流量池虽然归于品牌，但实际的收口却在导购。长久以来因为人员流失造成的用户丢失，成为困扰导购模式的痛点。绫致推出的 WePhone 即为解决这一问题——将用户留存在公司统一配备的终端设备中，构建不受人员流失的保障机制。

绫致的官方导购运营模型见图 4-3-4。"3WE"的推出，打造出绫致官方导购的标准服务流程，降低了数字化服务门槛。导购升级为真正意义上的数字化导购，拥有了灵活的经营顾客的能力。一线门店从"等客流"到自己"创造客流"，以数字化导购为触点不断长出自有的、去中心化的流量。

刘东岳坚信这一转变会带给绫致更强的活力："只有一线的员工最了解顾客，最知道顾客需要什么。所以把权力下放出去，就是给员工更多自主权，发挥最大的效能。"

绫致公布的一组数据印证了刘东岳的判断。2019 年全年取得线上线下 8 亿元的净销售增量。2020 年 2 月在疫情笼罩之下，已练兵

```
┌─────────────────────────────────────────────────────┐
│              绫致官方导购的标准服务流程                │
│                                                     │
│                            WeMall                   │
│                            通过小程序为导购运营顾客关系，开  │
│   充分授权一线导购                发模块化的功能和内容，提升导购持 │
│   ─────────                    续触达和运营顾客的效率     │
│                  ╱─────╲                            │
│                 │ 3WE   │      WeMember             │
│   产品标准化      │导购+小程序│     让每个导购都可以脱离总部的CRM， │
│   ─────────     ╲─────╱      自己运营自己的会员，无论是触达，│
│                                还是权益的分发，做到去中心化和个 │
│                                性化                  │
│   组织保障                                           │
│   ─────────                   WePhone                │
│                                将用户留存在公司统一配备的终端设 │
│                                备中，构建不受人员流失限制的保障 │
│                                机制                  │
└─────────────────────────────────────────────────────┘
```

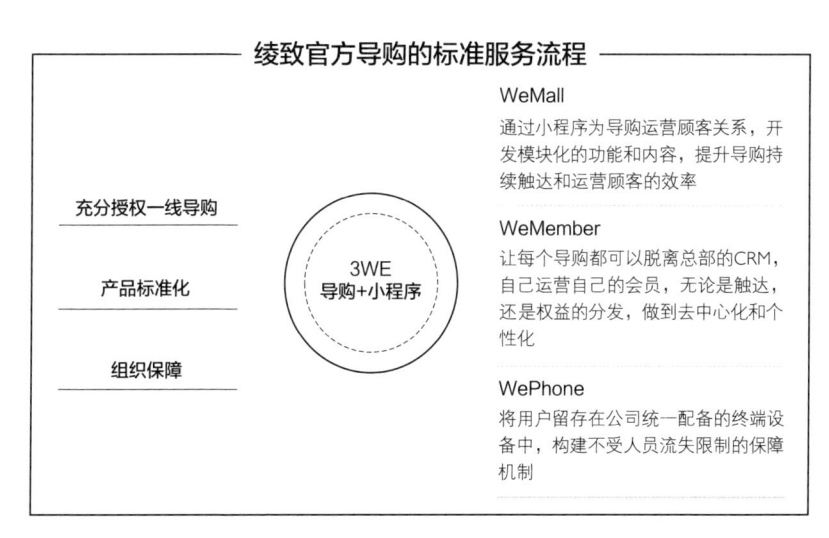

图 4-3-4 绫致时装官方导购运营模型

两年的 WeMall 小程序逆势而起，迎来了厚积薄发，挑起公司的销量大梁，小程序月销售额是去年同期的 13 倍，[1] 单日也创下了远超去年"双 11"和"双 12"的新高。在服装、美妆、运动、鞋靴、家居等非生活必需品小程序类目当中，无论集团还是单品牌（VERO MODA），绫致的销售额均排名全国第一。

这是名副其实的"CEO 工程"。2016 年成立的绫致智慧零售部门直接向 CEO 汇报，成为被充分赋能的"创新终端"。对于创新尝

---

[1] 腾讯智慧零售.绫致集团：2月小程序销售额创新高，厚积薄发带来新增长｜智零密码 [EB/OL]．（2020-03-30）．https://mp.weixin.qq.com/s/ipZaOnKqM2K-qblrYbSnOQ．

试,组织也给予极大的资源倾斜,但并未给予生硬的 KPI,而是鼓励和支持部门从业务痛点出发,从组织大局出发,探索新的数字化玩法,辅助线上线下的业务回归生意的本质。

比爆发力更重要的是持久力,持久力才是生意的根本。绫致官方导购业态的优异成绩来自日复一日的坚持,来自全员始终保持的一腔热情,最终把智慧零售变成每天日常工作的一部分。

作为行业先行者,绫致在不断的模式探索和验证中,带给行业诸多的有益启发。零售行业数字化转型进程仍在不断加速,面对并无先例可循的未知之境,需要更多如同绫致这样的探索者,拥有远见、拥抱创新、脚踏实地,坚定理念。

梦洁家纺:
S2B2b2C 激发导购和用户裂变,盘活线下"战斗力"

同样是在烈日炎炎的 6 月,梦洁的门店中,不需要导购拉旗搭台,却能迎来比往年更多的顾客;与此同时,导购不仅忙碌地为进店顾客介绍产品,还不时埋头操作手机,发送产品详情至朋友圈,或者联络前来提货的顾客。

这一场景发生在 2019 年 6 月 10—16 日梦洁 "616" 年中大促活动期间。当时,不仅线下门店顾客盈门,梦洁的 "一屋好货" 小程序商城 GMV 销售额也高达 700 多万元,实现爆发式增长。一切都在显示,梦洁这家诞生于1956年的国民品牌,正焕发出又一春。

梦洁的变化,与打造"一公里家居消费服务生态圈"的战略密不可分。它需要更快速地触达用户,提供更便捷的体验;同时从产品向服务延伸,吸纳更多价值链上的合作伙伴,共同打造家居生活消费服务的生态体系。这一战略的背后动机,是要抢夺新生代消费群体——不断崛起的Z世代[1]。他们正改变着家纺行业的未来。

大家纺[2]行业从业门槛和集中度较低,众多品牌鱼龙混杂,像梦洁这样的头部企业也并未能形成行业聚集效应。未来行业将会逐渐向头部企业集中。正如早些年的家电、家居等行业。

梦洁CEO李菁对这一阶段的分析是:"谁能够率先通过渠道、商品、服务,以新生代消费者喜欢的方式进行触达,谁就能够率先抢占用户的心智,抢占先机。"

基于这个判断,2017年梦洁从各个部门抽调精兵强将,成立智慧零售团队,探索在自身能力基因中,如何围绕消费者的体验需求,构建新的触达方式和零售模式。并且,在智慧零售业务成立之初,梦洁就明确了核心的改革方向:要创造为线下赋能的线上模式。

梦洁探索出的方案,是通过小程序官方旗舰店与官方导购业态的

1　指1995年至2009年出生的人。他们又被称为网络世代、互联网世代。——编者注
2　一般家纺产品主要是指床上用品。而"大家纺"包括除服装和产业纺织品以外的所有纺织品,可概括为巾、床、厨、帘、艺、毯、帕、线、袋、绒十大类。

联动，创造适合自身直营＋加盟体系的"S2B2b2C模式"，形成社交裂变，线上与线下协同增长，满足新生代消费者对便捷和服务的消费需求。

梦洁敢于做出这样的尝试是基于三个判断：其一，从行业趋势看，零售的未来是线上线下"商品一体化，服务一体化"。消费者期待稳定一致和无缝切换的体验，品牌要构建线上线下的业态融合，才能具备打造全场景商品服务一体化的基础。其二，从品类特点上看，家纺产品需要真实的体验感知和实体服务，线下门店的体验性和服务性永远无法被取代。其三，也是最重要的一点，梦洁拥有超过3000家门店，其中大部分以加盟形式经营，它们是梦洁的发展根基、营收重心与竞争壁垒。所以梦洁的战略核心一定是帮助门店，用线上的能力和模式去提升盈利，而非开辟一个新的线上平台分流线下生意。

在线下门店中，门店导购扮演着极为重要的角色。在李菁的眼中，导购就是"梦洁最一线的士兵，最重要的战斗力"。因而赋能线下门店的根本，就是赋能一线导购。

由此梦洁快速形成了两大战略举措。一方面，上线"一屋好货"小程序官方商城，让每家门店都可成为商城合伙人。商城除家纺产品，扩增更为高频的家居快消品，让导购有更多内容与用户高频沟通，强化社群运营效率。商城运营的重点是搭建从线上到线下的引流路径，实现门店的用户拉新和留存。比如，"一屋好货"曾推出一款79元的空调被，通过导购分享、转发和社群运营，并鼓励到店自提，一周销售超13000条，迅速跑出以"小程序+导购+社群+门店"的爆品策略。

另一方面，以独特的S2B2b2C模式，激活导购裂变。梦洁以加盟商为起点发展合伙人导购、社会人导购和实体门店导购，又由门店导购发展头部粉丝用户晋级为导购——他们既是梦洁的会员，又以导购形式作为智慧门店的"加盟商"。由此形成"导购—用户—新导购—新用户"的裂变链条，梦洁内部称此为"铺天盖地""千家万户"策略，以实现从用户到加盟商的生态循环。当用户成为导购时，其对品牌的忠诚度也同步拉升，复购率自然水涨船高。

这种导购裂变模式，能够快速引爆交易量。"一屋好货"上线一个月便突破1000万元的交易额，增速惊人。当时梦洁微信公众号粉丝数仅为11万，远远不能带来如此庞大的交易额，这意味着大量流量是线下导购裂变来的。

在向线上引流的同时，导购裂变也大幅促进了线下门店的销售增长。比如在"616"活动中，除了常规的"爆品策略+社交裂变"，梦洁还提供专门的优惠券，鼓励消费者线上下单，到店自提。最后大约有35%的消费者选择到店自提，其中又有40%的消费者在门店完成了二次消费。对于消费相对低频的家纺行业，梦洁却将门店打造成如超市一般人流不息的消费空间。

成绩的获得需要战略远见，更需要执着的"笨功夫"。对于梦洁而言，诸多大小难题中最关键的是如何撬动加盟商。

李菁及其团队在推动线下赋能时，曾面临最大的阻力是合作伙伴的共识达成。首先，"最重要的问题就是利益同不同。没有利益上的归属，无论是加盟商、直营门店还是导购，谁也不会跟你去干这件事"。为了明确利益归属，梦洁采用批零差的方式，明确将小程序商城产生的利润全数返回给门店，梦洁只要覆盖成本即可。

其次，为了减少模式推行的阻力，梦洁不断给模式做减法，降低加盟商和一线导购的参与门槛。李菁把这一过程比作踢正步，"就像仪仗队从最简单的基本动作开始练习"。只有在实际操作中不断训练基本动作，才能让导购和加盟商养成利用微信生态经营的操作惯性。

最后，以加盟商的"样板打造"为路径，以业绩为说服力，让成功实践的加盟商吸引更多的加盟商参与，形成有效的加盟商宣导。一系列创新做法，极大地坚定了加盟商的信心，调动了参与热情，使它们因真正获得业绩增长而主动与梦洁一起完成模式共建。

梦洁的整套打法是通过打造消费频次更高的爆品，为导购线上运营提供产品基础；利用"S2B2b2C模式"实现导购和用户的裂变，线上线下协同增长；最后通过利益分配、模式简化和样板打造，激励加盟商积极参与。

围绕用户，抢占新生代消费者心智，是梦洁智慧零售的行动纲领。而作为触达消费者最重要的触点，数字化赋能后的导购和门店，成为新的生猛战斗力，让梦洁得以在新市场环境下拥有持续创新、不断蜕变的长久生命力。梦洁家纺官方导购运营模型见图4-3-5。

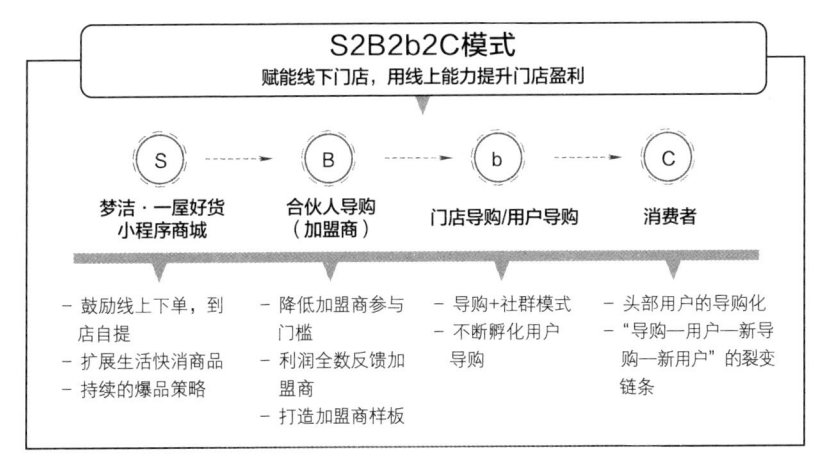

图 4-3-5 梦洁家纺官方导购运营模型

第四节 超级社群：私域用户的自有阵地

随着微信生态发展，连接"人"的能力不断深化，对生活、商业行为的日益渗透，"群聊"缔造了功能属性放大的社群模式——不仅满足人群间的社交需求，而且配合以微信支付、小程序、企业微信等工具，形成交易闭环，构建出一整套围绕社群组织与商业深度连接的新业态。其实质是从人出发，以每个社群成员为触点，不断裂变出更多的人与人的连接，持续扩展场的边界。社群中的海量信息，既是用户资产的流量池，也是供应链优化的数据池。

社群突破传统漫长的市场反馈链条，直接及时地倾听消费者真实的声音。比如每日优鲜，建群的初衷是希望第一时间获取用户的意见反馈，以系统性优化用户体验，解决交易每个环节遇到的具体问题。后来，社群的商业价值在探索实践中被不断深挖——拼团、优惠分享、内容交互等丰富的玩法提升了社群黏性，激发了裂变潜力，验证了变现价值。低门槛、易操作、启动快、短链高效、直连用户、直观可追踪、见效明显、成本低等都是社群模式显而易见的优点。社群在各行各业中越来越普及，消费者也越来越习惯于加入感兴趣品牌社群，享受折扣优惠，交流分享用户服务等更深一步的信息或资源。尝到甜头的企业都在思考如何把社群的规模做得更大，尽可能多地积累私域用户。

如何把社群做成"超级社群"，把用户和销量做大，就是智慧零售和商户一起探索的第三大"私域业态"。按照社群的定位和运营模式，一般有三种较为常见的类型：营销型、内容型和服务型。见图4-4-1。

所谓营销型，是指营销频率高，以营销活动和优惠分享、销售转化为直接目标的社群类型。根据不同的行业，如商超、社区团购、食品、日用品、酒水、服饰、居家等，社群营销类型可以分为折扣型、裂变型和通知型。

超级社群的三种典型模式

	营销型			内容型			服务型	
	折扣型	裂变型	通知型	教程型	话题型	视频型	售前服务	售后服务
模式描述	以营销活动和优惠分享，销售转化为直接目标的社群类型			打造品牌内容运营主阵地的社群模式			以咨询为导向，提供售前、售后服务的群模式	
群管家职能	折扣型以强折扣、抢购、秒杀等活动为主；裂变型以拼团、砍价、助力等活动为主；通知型以活动通知、品牌宣传为主			发布教程、话题、视频等，触达用户并持续解决疑问、满足需求，维持群内活跃度和互动性，进一步寻求销售转化			完成售前咨询促进成交，订单完成后提供售后服务和复购拉动	
典型适用品类	普遍适用			母婴、运动、服饰、美妆等			家电、3C等	

图 4-4-1 超级社群的三大典型模式

折扣型社群是以强折扣、抢购、秒杀等活动为主要特征的社群，而裂变型社群则主要承载着拼团、砍价、助力等作用。两种社群在执行上也经常交叉使用，组合发挥出更优效果。适用品类的消费者大多对价格比价敏感，追求性价比。

永辉生活、步步高、每日优鲜、钱大妈、兴盛优选等生鲜商户，通过折扣来吸引新用户入群并活跃顾客，再运用拼团、助力等方式扩大群的规模。例如针对实体店（仓）附近3公里内的消费者，零售商以低折扣为噱头，吸引其扫码入群。以钱大妈为例：门店购物完成后，鼓励顾客扫码获得优惠的同时加群；入群后，社群管理员每天上午在群内发布团购秒杀链接，以划算的价格刺激顾客分享购买；每天晚上饭点过后（如下午7点后），以固定的频率（如每半小时）在群内公布一次打折信息，清库存的同时也强化了"不卖隔夜肉"的品牌形象；再配合每天定时在群内发问候红包，发布拼团等互动，在培养新用户对社群黏性的同时，形成口碑传播，吸引更多用户入群。钱大妈的社群运营特征在于，围绕高频刚需的折扣优惠活动规划完整的运营体系，持续、稳定、有效地占领消费者心智。

再比如零食品牌百草味，是裂变型社群的成功例子。首先通过拼团秒杀、会员增值、专属优惠等吸引新用户入群，再经过更加精细化的"社群分层+差异化分销投放"，有针对性地提升复购与营收。百草味将主流消费人群划分为学生、宝妈族、城市上班族和"VIP族"等群体，有针对性地根据人群属性设置裂变机制。比如针对宝妈社群的拼团，增加甜食、水果类零食比重；而对于上班族，侧重的则是饼干等办公室休闲零食。在一整套标准化手段之下，社群营销更精准，裂变效率更高。

除了折扣和裂变，营销型社群还有一种常见的类型是"通知型"——以活动通知、品牌宣传为主要内容。例如服饰行业的在线新品发布会，群管家往往在活动前夕引导入群，预热活动内容，引导顾客观看活动，促进边看边买在群内成交。又比如，在楼盘新房交付时，一般是家电销售高峰，也是品牌促销的好时机。品牌通常会提前吸纳小区住户入群，为大促销累积势能。国美电器通过搭建新小区社群，以社区拼团短期获得大幅销售增量，便是通知型社群的一个模式代表。

内容型社群则是打造品牌内容运营主阵地的社群模式，可以分为教程信息导向、话题讨论导向和直播短视频导向。群管家通过在群内有计划地发布教程、话题、视频等方式，触达用户并持续解决疑问、满足需求，维持群内成员活跃度和互动性，进一步寻求销售转化。

内容型社群在母婴、运动、服饰、美妆等行业的运用最为突出。作为"知识密集型"的品类，母婴行业的消费者对孕前、孕中、产后育儿等全链路的知识有着强烈需求；服饰行业的消费者，注重上身试穿的实际搭配与效果展示；美妆行业的消费者则希望获得时下流行的妆容趋势，学习各类妆容的化妆技巧和产品上脸使用效果。

前文曾提及的孩子王，便是以打造母婴内容型社群为依托，为消费者提供知识服务的教程类内容社群的典型。具体而言，孩子王根据育龄阶段进行社群划分，为不同社群的新手妈妈提供差异化的知识和经验分享。有的奶粉和儿童用品品牌也会把消费者细分为0~3岁、3~6岁等不同阶段，提供相应产品、教育等知识和服务。

类似的做法还发生在酒类行业。面对越来越多有足够购买力，但对葡萄酒、鸡尾酒等品酒知识一知半解的大部分消费者，酒类社群便以普及品酒知识切入，并提供相应美食内容，再宣传线下活动，促进社群成员的分享和购买。

而不少的运动鞋服和美妆企业,则通过内容型社群,运用短视频和直播等形式,带来真实的产品感受和信任温度,把实体购物云端化。比如,滔搏运动通过运动明星、比赛、线下活动等话题激活社群,是典型的话题类内容社群;完美日记则通过短视频和图片的形式,在社群中传递给年轻消费者美妆技巧,是典型的视频类内容社群。

不论介质和形式是教程、话题、文章还是视频、图片,内容型社群的核心是一以贯之的,就是以优质内容持续触达、运营消费者,提升圈层、专业、兴趣领域的消费惯性和交易频次。

服务型社群往往分为售前服务和售后服务两类,群管家的主要职能分别是完成售前咨询促进成交,订单完成后提供售后服务和复购拉动。服务型的社群模式一般适合家电和3C等行业。

众所周知,家电与3C行业的消费频次相对较低,消费者间隔较长的周期才会购置新品。因而企业在运营社群的过程中,便更加重视可以增强与消费者联系的契机。"服务"成为一个好的切入点。虽然家电和3C产品复购率低,但售前的各种咨询必不可少、售后维护的持续连接也较多,通过服务类社群的形式提供专业可靠的咨询,可以有效地为品牌积累更多"云用户"。譬如国美电器组建的团购社群,在促销高峰过后,便以承担日常的家电维护和维修服务为社群定位。基于此,国美可以拓展家电维修、家电清洗、家政服务等新业务,打造"家电生活"概念,进一步加强品牌与消费者间的黏性，延长用户生命周期。

不仅3C行业，服务型社群在旅游行业也被运用——每次旅行出发前，旅游公司以社群组织目的地相同和旅行时间相似的团员，为其提供旅游咨询、路线策划、拼车出行等相关服务，入群的成员还能达到交友的目的。在一段行程结束后，持续以更多目的地内容与行程活动触达消费者，增加复购可能。

"超级社群"私域业态的三大常见类型，虽然特征属性和运营细节的侧重不同，但在实际操作上，往往是可以根据业务发展的不同阶段和场景，互相组合，搭配运用。服装企业的超级社群既是提供通知、预热功能的营销型社群，也是带有直播、短视频的内容型社群；家电企业的超级社群在集中促销阶段是以团购、折扣为主的营销型社群，后期又可以顺势"进化"为提供服务咨询的服务型社群。

在2020年年初新冠肺炎疫情蔓延之下的"实体商业自救"中，作为形态丰富、操作灵活、互动极强的私域业态，"超级社群"配合小程序、导购、企业微信等，为大量的企业用户和销量提升带来了立竿见影的效果。

兴盛优选的不少门店店主，建立起专门的团购微信群，并在群内发布兴盛优选小程序链接让顾客选购，通过小程序商城和超级社群等智慧零售"组合工具"，让不方便出门的消费者享受日用商品到家服务，在这个过程中兴盛优选到家业务成交增长了5倍，订单量增长了3倍。[1] 2020年1月底，步步高上线"小步到家"，采用微信社群集单模式，经由社群营销、小程序下单的通路，由步步高总仓直接发货到家。百果园也在疫情期间充分利用"社群+小程序到家"的转化，实现到家业务5倍的增长。[2]

不仅在生鲜电商行业如此，服装、美妆、家纺等行业也一样。疫情期间茵曼以门店为单位组建社群，在统一把控商品和营销节奏的同时，鼓励门店自发生产内容素材，进行社群运营的个性化尝试，其间社群贡献了茵曼95%的销售额。[3] 卡宾通过社群进行用户分层运营，通过VIP限时秒杀、优惠券裂变，以及短视频、直播、热点、娱乐互动等方式，极大地推广了品牌。美妆品牌妍丽利用社群宣导"疫情防控小科普"，立足于社群发起主题直播，持续为消费者提供获取专业护肤和个人防护知识。而家纺企业梦洁，则通过在社群内的预约、售卡，提供无接触取货、送货服务……还有更多的品牌和门店是临时上马社群，以最快速度和最大可能，完成用户从线

---

[1] 智慧零售观察. "禁足"小区半个月，武汉人怎么吃上新鲜菜的？[EB/OL]. （2020-02-09）. https://mp.weixin.qq.com/s?_biz=MzU5ODQ4NDA5MQ==&mid=2247486694&idx=1&sn=e51552fd9e6c5ce413635e8835078a62&chksm=fe4239f2c935b0e4e8f0f38a4a28b0d9ee6b1a19ad9efa28311ceac8f929994db5048d6a11f0&token=692259579&lang=zh_CN.

[2] 新零售财经. 疫情下的"到家"业务能否拨云见日，迎来变革拐点？[EB/OL]. （2020-03-04）. https://baijiahao.baidu.com/s?id=1660203445350165220&wfr=spider&for=pc.

[3] 腾讯智慧零售. 茵曼：店主变群主，疫情下的逆袭之路｜智零密码 [EB/OL]. （2020-03-02）. https://mp.weixin.qq.com/s/batLl500oFClJsiYhZglUQ.

下向线上的迁移，以私域化业态的打造对抗不确定性对企业的打击。

关于超级社群，虽然不同零售企业的运营方式不尽相同，但也并非完全无章可循，其运营方法可梳理为四大抓手：群流量、群管理、群活动和群内容。

群流量是社群运营的起点，它源于线上线下全面广泛触点的挖掘和导入。群管理是社群运营的中心环节。首先，需要建立管理人员和管理机制，有效维持日常沟通和社群活跃度，培养群成员的信任感。其次，要建立社群的分层管理，基于社群与群成员不同的生命周期，不断筛选用户价值更高的群成员进行重点运营。最后，群活动和群内容的重点应指向活动、内容对用户黏性的培养，以促进购买转化，常见的如有规划的文字、图片、短视频、直播等内容体系，拼团、分享礼券或者红包等营销手段，有时则是更大规模的社会化营销事件。

四大抓手的运营要常态化、组织化、绩效化，才能可持续运作。许多企业都开始设置专人管理社群业态，把成百上千个群分类管理。一方面从用户和销售的维度监测管理数据；另一方面从用户反馈的维度，优化经营和服务内容。这样的操作难度不大，再配合使用企业微信等数字化工具，某些企业甚至可以做到一人管理上百个群，运营成本的控制、销售和经营效率的提高都非常可喜。

超级社群的三大类型与四大抓手，为零售企业提供了对标清晰、动作明确的运营参考。针对各自行业、不同用户和具体场景，许多先行一步的零售商探索出了颇具特色的个性化玩法和创新模式。下面将以完美日记与滔搏运动为例，阐述社群业态在美妆行业和运动鞋服行业的运营特点和价值。

完美日记：
人设化的超级社群，互联网思维下的美妆新方法论

美妆行业是贩卖"美丽"的行业，而"美"的时代内涵是不断被再定义的。审美和决策越来越成熟，自信心、视野和思辨能力越来越强大的消费者，不需要品牌商推销什么是"美"。于他们而言，"美"是由自我定义的。

在过去20年间，美妆巨头几乎垄断线上媒体，并与线下渠道深度合作，新生代品牌处于竞争劣势，与它们难相抗衡。美妆巨头中心化的营销形式，往往是单向"宣告"大于"反馈接受"，品牌与消费者之间的直接互动较为匮乏。

如此状态之下，美妆品牌往往优先关注头部消费者的需求，对长尾的消费者需求缺乏开拓的动力和能力，产品永远慢市场几拍。正如完美日记母公司逸仙电商联合创始人陈宇文敏锐地观察到，"以前习惯的做法是，天天跟消费者讲'我'是谁，却很难迅速地随着消费者变化而改变。你可能知道100万消费者的消费共性，但是其中某20万的个性化差异往往被忽视"。行业的现状对头部品牌是挑

战，同时给新生代品牌带来的是机遇。

完美日记用互联网思维和产品逻辑来经营消费者，走出了一条不同于传统美妆品牌的数字化换道超车之路：以超级社群业态积累用户，以最短、最直接的路径理解消费者的反馈，塑造快速迭代的产品能力；采用基于人格化的 IP 运营模式，与用户一起成长，为消费者创造更多价值。

在陈宇文看来，围绕用户真实反馈的"迭代"，正是完美日记的核心竞争力。基于对离散型小众需求的捕捉和满足，超级社群让完美日记能够直连消费者，快速吸收反馈并满足需求，从而不断迭代和优化产品。

通过以超级社群为代表的私域业态，结合广谱多元的社交媒体，完美日记可以迅速触达消费者并与之互动。同时，借鉴 TMT（Telecommunication、Media、Technology 的英文首字母缩写）行业"小步快跑、不断迭代"的产品思维，这匹横空出世的黑马迅速获得与巨头掰手腕的机会。

截至 2020 年 6 月，完美日记全网拥有超过 2500 万粉丝。[1] 通过图文内容、直播和小视频等互动形式，以真实、透明、有温度的品牌人格呈现，随时激活消费行为和消费者的自发传播欲望。由于

---

1 该数据由完美日记提供。

交互的短链化，品牌不仅能迅速获知消费者的需求，还能让其参与产品筛选，实现品牌共建。

"以往品牌商做产品测试，需要委托咨询公司等第三方机构，通过电话、访谈等抽样调查完成。这样做不仅周期长，而且结果与市场实情存在较大出入。现在，我们可以把产品方案发到微信社群，让消费者直接做选择。"在创业之初，便选择有别于传统美妆的产品打磨经历，这让陈宇文津津乐道——完美日记第一批共10种产品，最后保留下来的只有3种，"其他7种都是消费者帮助淘汰的"。

"有的爆款产品，甚至要经历8~10次这样的迭代。"这种共创式的成长模式，一方面打造出了极致产品，另一方面与消费者建立起更为深厚的情感连接。它也反映出新世代消费者的变化特征——越来越"正常"的审美和消费。"种草"的品牌不需要高高在上、完美无缺，只要能够在某个点打动消费者，他们就愿意与品牌一起成长。

这一变化洞察也体现在完美日记的社群运营上。完美日记打造了"小完子"人设，摸索出一套IP化的用户运营模式。

小完子并非官方有意打造的IP，而是粉丝对品牌的自发命名，觉得这一称呼亲切可人。形象上，小完子不是高高在上的女神形象，而是邻家女孩，以闺蜜的角色与消费者联系和共情；功能上，则定位于"私人美妆助理"，为消费者提供美妆专业服务。

小完子是为了拉近品牌与消费者的距离而创造的，不增加消费者负担，而是给他/她创造价值。如果消费者不愿意进群，就不会被强拉进社群内；进群后如觉得被打扰，也可自由退出。

在社群内，小完子会紧跟潮流，根据消费者的兴趣点和关注点，以高质量图文和视频等形式，推送美妆知识分享、直播和抽奖活动，引发消费者的持续关注和讨论。导购以专业性影响消费者的购买决策，并引发消费者自发性地传播裂变。这种自然的聆听和交流，也激发了消费者去自主分享。图4-4-2为完美日记超级社群运营模型。

完美日记

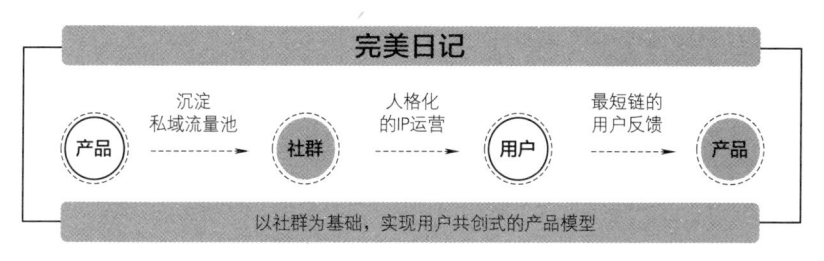

产品 —沉淀私域流量池→ 社群 —人格化的IP运营→ 用户 —最短链的用户反馈→ 产品

以社群为基础，实现用户共创式的产品模型

图4-4-2 完美日记超级社群运营模型

当消费者热爱一个品牌，不仅对产品有热情，对品牌的周边话题也有兴趣。"他们想知道一款产品的诞生过程，想知道开发产品的工程师是怎样的人……"陈宇文当时也在犹豫，毕竟这是之前在业内从未遇到的情况。后来完美日记选择顺水推舟，开放小完子的部分生活和工作状态，让消费者可以走进品牌内部一探究竟，以不断深入的真实和透明，塑造闺蜜的形象。

通过小完子IP的真实运营，以及持续的产品迭代和爆款共创能力，完美日记社群的活跃度一直维持在较高水平，推动完美日记在短时间内不断创造"神话"。

完美日记的产品打造与增长策略，为美妆新品牌的崛起提供了很多启发。完美日记是从线上出发的典型，基于用户思维和产品思维去打造爆品。如今，公司也计划以同样的产品思维开设体验门店，补全与消费者的连接触点，更进一步满足美妆消费体验。不论是深耕线上社群，还是发力线下门店，完美日记始终与90后、95后消费者共同成长，不断通过更紧密的用户关系和更高效率的产品迭代，书写自身崛起的"完美日记"。

滔搏运动：
从点到面，规模化深度社群运营铸造品牌 IP

2019年10月，中国最具规模化的运动鞋服零售商滔搏国际控股有限公司（百丽国际旗下运动业务子公司，以下简称"滔搏"）正式在香港交易所挂牌上市。

从百丽私有化退市，再到滔搏独立上市，滔搏在百丽"创造并实现新模式"过程中的创新尝试，能给零售行业带来何种启发，值得一探究竟。

滔搏是诸如耐克、阿迪达斯等国际一线运动品牌在中国市场的重要零售合作伙伴。而各品牌商的品牌力多年来对消费者的心智占据，往往会超越零售商本身的知名度，同时中国市场的体育运动用品零售市场竞争激烈。要在众多竞争者中脱颖而出，成为消费者购买运动鞋服的首选，通过深度维系粉丝忠诚度建设强有力的滔搏品牌IP，成为破局关键。

为此，滔搏在2016年就推出"TopFans会员计划"，开始实施品牌IP化的战略。后来的事实证明，会员模式成为滔搏突出重围的利器，通过专属积分权益为消费者提供更多增值服务，在其心目中树立起滔搏的独特品牌认知，逐渐完成"买运动鞋服就到滔搏"的品牌心智占据。到2020年2月底，TopFans已经有约2720万注册会员，而会员贡献的门店零售交易总额占比也在2019年的四个季度稳步提升，从第一季度的70.8%提升至第四季度的91.0%[1]。会员不仅仅是滔搏的核心资产，更是实现品牌在市场上的IP化的重要资源。

体育行业具有天然的社交货币属性，体育明星、赛事、潮品都是年轻人的重要社交话题，对于滔搏而言，运动鞋服的购买行为本身就为其与消费者搭建了对话桥梁。根据行业特征与自身需求，滔搏选择社群运营作为实施会员计划最直接、有效的方式之一。

滔搏建立"以门店为基础的社群"，从小范围试点到规模化推

---

[1] 数据来源：滔搏国际控股有限公司2019年年度报告。

广应用，逐渐形成一套社群运营的常态化机制，深度运营粉丝，进一步推动实现品牌 IP 化。

除行业自带社交属性之外，滔搏自身多品牌、多品类的丰富产品组合优势，也成为其激发社群活力的差异化能量。滔搏的社群类型细分为潮流好物分享、共同爱好（包括不同运动类别、电竞及穿搭等）以及运动打卡等主题。消费者进店后，店员会引导其根据兴趣加入相关社群，提供一对一的服务。在门店端负责社群运营的店员，作为社群的活动组织者、资讯发布者、运动顾问，维持与消费者的持续沟通，寻找粉丝共性，通过热点内容输出、线上线下联动活动、群成员专属福利，增强群内活跃度、粉丝黏性及口碑传播，以此提升消费者对门店的信任感和好感度，同时增加离店状态的销售转化。

滔搏的社群模式打造，来自对运动社交时代新用户运营逻辑的理解。在激活社群参与性和活跃度的过程中，滔搏善于围绕消费者的消费习惯和兴趣爱好等细化标签，以内容和话题温度，而非价格和促销手段，在日积月累的日常沟通中加深消费者与滔搏品牌的信任关系建立，不断实现与消费者连接关系的强化与深化。让用户关系真正成为用户资产的转化保障。以会员的数字化运营，完成对消费者的识别、记录和需求开发，以形成持续的用户资产积累。

然而跑通这一模式的过程并不容易。项目启动之初面临的问题之一，就是如何调动导购的积极性，完成高效建群和可持续的群运营。"我们一直在思考怎么能帮助最基层的导购保持活力，更重要的是让他们自己有动力。"百丽国际执行董事李良回忆道。滔搏通过实施规范化运营培训以及统一开发的应用工具，协助导购更加系统和顺畅地参与到企业的数字化转型中来，调动一线员工的参与兴趣，自发地深度挖掘话题营销和多样化线上推广活动，促进运营效率提升。

建群不易，运营更难。需要进一步思考的是，如何通过有效的运营机制和简单易用的工具，持续激励员工生产好的内容，以延长社群的生命周期。在滔搏的理解中，渠道的核心是把消费者服务好，好的产品和服务才是消费者与品牌持续产生关系的关键，也是零售的本质价值。

通过滔搏小程序，导购可调用各种模板，快速编辑生成不同主题的优质内容，如推荐商品、门店活动等，并一键分享到不同兴趣社群，辅以适当的激励促进社群成员互动。同时，小程序还支持在图片内容中添加产品标签和关联产品，会员可以随时一键下单进行购买。除此之外，滔搏还持续推出围绕兴趣的线上互动和线下活动，激发产生优质的用户原创内容（UGC）口碑素材，进而形成社交裂变。而针对各类社群推出专属权益和福利，例如新款产品发售、结合节假日时机推出的趣味线上活动和小游戏、提供季节性运动穿搭的定制化解决方案等，同时辅以前期和活动中全方面的宣传，进而吸引特定消费者到店，提升互动，也成为增加复购的有效方式。

品牌的IP化之路离不开广泛触达和规模化运营，滔搏面临的问题之二，是单店模式如何实现规模化复制。滔搏采取从单店到多店再到规模化覆盖的推动路径，在此过程中逐渐构建包括群主管理机制、组织规范、货权归属、货品管控、客服逻辑、退换货逻辑梳理等在内的体系化建设，奠定下一步在所有门店规模化推广的基础。对于如何降低店员、导购的流失对社群带来的不利影响，滔搏的解决方案是，强调品牌门店、弱化个人，并对沟通方式和话术都制定、沉淀相应的标准化规范。当社群运营体系建设完成后，再将社群转回每个门店所属大区，各个大区按既有机制确保社群的健康运营。

如今，每天走进滔搏门店选购运动鞋服的消费者有数百万人次，门店端通过精细化的社群运营将其沉淀为广泛的流量基础。在此过程中，滔搏不仅完成自有用户数字资产的持续沉淀，还实现了完整的滔搏品牌价值传达和IP构建。

滔搏模式的成功，对美妆、母婴等强兴趣社交属性的品类而言都具有广泛借鉴意义。在品牌IP打造过程中，不仅要关注外部，以内容的精准社群运营实现与消费者的日常沟通和情感连接，也要关注一线打拼的员工，通过效率工具和激励机制让其拥有共鸣感、参与感与归属感，真正自上而下实施数字化变革。滔搏的社群运营模型见图4-4-3。

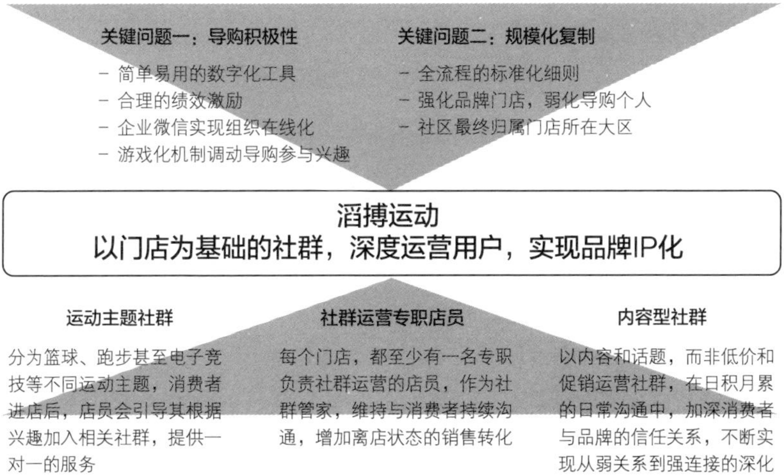

```
关键问题一：导购积极性              关键问题二：规模化复制
– 简单易用的数字化工具              – 全流程的标准化细则
– 合理的绩效激励                    – 强化品牌门店，弱化导购个人
– 企业微信实现组织在线化            – 社区最终归属门店所在大区
– 游戏化机制调动导购参与兴趣
```

滔搏运动
以门店为基础的社群，深度运营用户，实现品牌IP化

运动主题社群	社群运营专职店员	内容型社群
分为篮球、跑步甚至电子竞技等不同运动主题，消费者进店后，店员会引导其根据兴趣加入相关社群，提供一对一的服务	每个门店，都至少有一名专职负责社群运营的店员，作为社群管家，维持与消费者持续沟通，增加离店状态的销售转化	以内容和话题，而非低价和促销运营社群，在日积月累的日常沟通中，加深消费者与品牌的信任关系，不断实现从弱关系到强连接的深化

图4-4-3 滔搏运动：从弱关系到强连接，社群运营铸造品牌IP

第五章

数字化运营：

零售全链路的数字化管理

引言

完整实现全链路的"数字化运营",是许多零售商一直奋斗的目标。没有一家零售商不想通过精准的数据能力,构建更为科学有效的经营形式。但数字化运营的最终实现,还存在诸多挑战。

"数字化运营"于很多零售商而言,意味着人、货、场的全方位数字化和组织管理的数字化,企业内部自上而下常态化地用数据指导经营决策,提高能效,降低成本。这不仅需要拥有超越交易数据的多维度数字资产,更需要一整套科学化、数据化、产品化的体系。

腾讯智慧零售开放技术和数据能力,协同生态合作伙伴,提供以用户资产视图为底层逻辑的"咨询+SaaS"产品形式,设计并实施围绕"人的数字化"的经营策略重构,为企业提供精准、动态、可复制的数字化运营方法,带来实实在在的业务增量。

从用户的分层、商圈的评级,到更为精准的选址、营销,乃至更多尝试，数字化运营已经在商超、服饰、美妆和商业地产等领域开始落地应用。基于此，经营决策从过去的"凭感觉"和"凭经验"，逐渐转变为数据驱动的科学决策。"数字化运营"的积极探索，也让我们对未来的"智能化运营"充满希望。

第一节　围绕"人的数字化"重构经营策略

对于零售企业和品牌商而言，业绩增长或下降的原因越来越复杂，越来越难依靠经营者的经验和感觉来进行经营决策。但数据能给出科学有力的解释，在数据的指导下，经营策略的选择有着切实的依据和标准化的路径。

智慧零售的"数字化运营"，是以用户资产视图为底层逻辑的，在用户数字化的基础上，从"人"的角度出发衡量业绩，进行经营管理。

电商渠道的数字化程度比传统的线下渠道高，基本实现了商品数字化和客流数字化，积累了海量的数据资产。许多在平台电商开店的品牌，其实已经可以部分实现以"人"的维度进行数字化的经营管理。例如可以根据目标消费者的画像挖掘和预估潜在客户，洞察潜在顾客进店后的浏览行为和交易转化率等。但大部分企业的线下门店，目前主要还是从商品和渠道角度，通过每个渠道的进销存，根据历史的销售和出货记录来预测未来的生意，进行经营管理，仍未进入从"人"的角度进行管理的阶段。

在"零售数字化3.0"阶段，更为精准的生意判断和经营，应该是从"人"出发的，这是先进性的体现。其先进性更体现在全渠道和全业态的"数字化运营"。

企业在完成对线下客流数字化改造，积累足够多的"数字化用户"，并通过打造".com2.0"私域业态，让全渠道的"数字化触达"实现规模化和可复制之后，便能为线下渠道的"数字化运营"提供源源不断的数据支撑。线下渠道才能如电商一样，可以用"人"的逻辑重构经营管理方式。

为实现围绕"人的数字化"的经营策略重构，当下该如何做起呢？带着这个思考，腾讯智慧零售开始与各类零售企业一起探索不同行业的解决方案。

首先要理解用户，将商户自有数据与腾讯的数据相映射，形成系统性的分析，用算法来做智能的用户聚类，梳理商户的细分人群。在腾讯的数据、产品和技术能力的帮助下，对用户的理解能做到更真实、更准确、更全面，而且实时更新。正如梦洁CEO李菁所言："腾讯是基于生活数据做商业，数据能力是一种全生活场景的连接，数据的宽度会决定未来。"在整个过程中，腾讯对数据的保护和用户隐私的保护，都是按业内最高标准进行自我要求，既保证企业的数据所有权，又绝不会逾越用户隐私这道红线。

针对不同的细分人群，形成用户资产视图，衡量每一类人群的现状和潜力。这种"衡量"首先建立在清晰的数据化产品支撑之上，包括两类较为典型的基础能力。其中一个基础能力是根据品牌与消费者的"交互关系"，发现和认定核心客群，"扫描"出潜客、兴趣、购买和复购四类人群，发现 AIPL 各阶段的重点机会。基于对各个圈层用户的数据分析，可以进一步帮助零售商更为立体地诊断和运营生意，这是某些企业在管理平台电商生意的时候常用的逻辑。在腾讯的助力下，这套逻辑能延伸到线下门店和微信生态，甚至能实现线上线下融通运营。比如，从前的品牌门店或商场，即使是个别数字化能力较强的企业也仅能分析兴趣、购买、复购人群，对于潜客的分析是企业的盲区。结合腾讯的数据能力，企业能让潜客变得更加可视。作为顾客最外层的一环，潜客的挖掘对企业而言至关重要，能为后续的转化提供源源不断的客流。百货商场可以了解附近商圈的潜客，品牌门店可以了解商场内的潜客，等等。另外，腾讯丰富立体的社交标签体系，可以支撑对用户进行全方位的刻画与洞察，形成完整的生命周期解决方案。

另一类基础能力在于，基于零售企业的一方数据和腾讯的 LBS 数据，结合城市人口和商户已有客群分布，通过"栅格热力图"等可视化手段展示客流渗透率，挖掘不同区域的机会。所谓栅格热力图，先是将特定区域分成若干单位网格，比对每个网格的潜在用户数和订单数等，计算不同商圈、不同仓、不同门店之间的客流渗透率。

在这两大基础能力之上，可以进一步推演到很多方向，根据垂直行业和企业痛点，解决不同的经营问题。例如运用客流渗透率看板，提升目标客群的渗透率；通过门店人流监测和最佳转化率对标，测算门店全潜力提升空间，并有针对性地进行运营动作；比对客流转化率和整体单量，挖掘加密仓机会，提升区域整体单量；还可以分析不同商圈的消费者组成，帮助商户从其他商圈找回流失的消费者；等等。

从商品和渠道的角度，转变为从"人"的角度；从过去的凭感觉和经验，转变为以数据作为决策基础。这是思维方式的转变，也是经营策略和流程的重构。而只有这些改变还不够，只有以产品化、数据化的手段，把用户资产的底层结构建立起来，固化在企业日常经营的体系之中，才能将"数字化运营"的效果达到最大化，找到真正的"增长密码"，形成灵活多样的策略。

腾讯智慧零售经过一段时间的打磨，探索出"咨询+SaaS"的产品形式，产品化地为零售企业提供精准、动态、可复制的数字化运营方法。腾讯智慧零售也尝试模块化地总结呈现不同垂直行业的分析、解读思路，以支持随时动态拉取，提高用数据支持决策的执行效率。以"用户为中心"的数字化运营模型如图5-1-1所示。

腾讯智慧零售与合作伙伴于时代前沿的有益探索，如今已在商超、购物中心、服饰、美妆等垂直行业中逐步落地。

```
         ┌─────────────────┐
         │   洞察用户       │
         │ 自有数据&腾讯数据 │
         └─────────────────┘
                  ↓
┌──────────────────────────┬──────────────────────────┐
│      智能人群聚类          │       用户资产看板         │
│ 结合腾讯社交标签，识别和定义 │ 识别潜客、复购、兴趣、购买4类人群│
│ 目标客群，根据目标客群的特征/ │ 衡量细分人群消费潜力        │
│ 需求，设计差异化的营销活动， │ 可视化手段展示客流渗透率，挖掘机会│
│ 跟踪分析以"用户"为中心的运营效果│                        │
└──────────────────────────┴──────────────────────────┘
                  ↓
         ┌─────────────────┐
         │   门店绩效看板    │
         └─────────────────┘
┌──────────────┬──────────────┬──────────────┐
│     到访      │     流失      │    云用户     │
│ 现有门店表现是否│ 曾到店用户流失的│ 用户到访及离店│
│ 与真实潜力匹配  │ 原因、流失去向  │ 轨迹，如何二次│
│               │ 及应对策略      │ 触达          │
└──────────────┴──────────────┴──────────────┘
```

图 5-1-1 以"用户为中心"的数字化运营模型

第二节 生鲜及商超领域应用举例

与其他垂直行业相比，商超的业态更具多样化。通常一个企业会有多种自营业态，如会员制仓储超市、便利店、超市卖场或者到家业务等。不同业态之间的经营方法不尽相同，而同一种业态内的运营细节和流程也相对复杂烦琐，涉及选址、选品、定价、仓储库存、订单配送、拉新留存、用工排班等方方面面。

商超企业所孜孜追求的"全链路数字化运营"，是不断深入优化产业链，以达到降本增效的动态过程。需求侧是依靠人、货、场的精准匹配，以更高的效率满足人的需求。供给侧是从"大数据选品"到"大数据精准指导产品设计、生产、分销"，再到凭借自有数据，实现围绕用户的反向定制模式"C2M"（Customer-to-Manufacturer，用户直连制造）的供应链重构。在这个过程中，围绕"人"的数字化分析、洞察和运营，是至关重要的基础能力。

以近两年最火的到家业务为例，腾讯智慧零售和合作伙伴一起摸索出一套数字化运营方法——识别核心用户，根据核心用户群的洞察，提供贯穿商超企业从筹备期、启动期到成熟期的运营方案，见图5-2-1，涵盖新店（仓）选址分析、商品分析、精准营销等经营链路的方方面面。

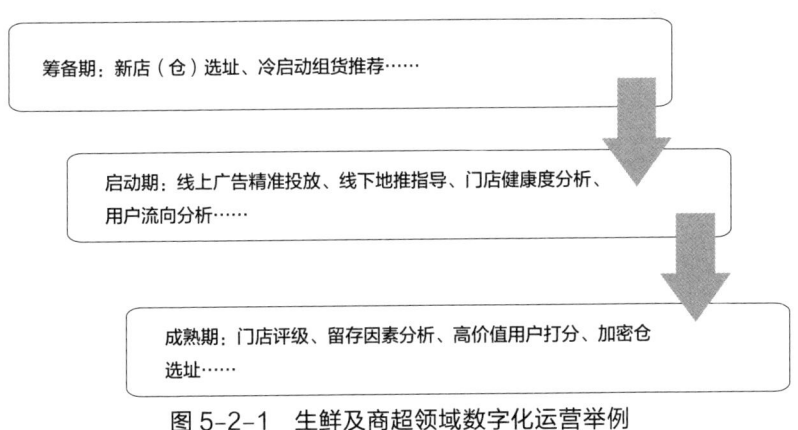

筹备期：新店（仓）选址、冷启动组货推荐……

启动期：线上广告精准投放、线下地推指导、门店健康度分析、用户流向分析……

成熟期：门店评级、留存因素分析、高价值用户打分、加密仓选址……

图 5-2-1 生鲜及商超领域数字化运营举例

下面以每日优鲜和永辉生活·到家作为商超领域"到家模式"

的代表，为读者深度分享它们正在积极探索的"商超数字化运营样本"。

每日优鲜：
从选址到选品，新仓快速成熟

生鲜电商经历 2014 年开启的高速发展后，2019 年迎来了一场行业"大洗牌"。阿里巴巴、苏宁、顺丰等巨头纷纷入场，不少中小型玩家被淘汰出局。

但创办仅 5 年的每日优鲜，却成为这个赛道的领跑者。究其原因，"城市分选中心 + 社区前置仓"的运营模式，为每日优鲜的崛起立下了汗马功劳。在这种模式下，每日优鲜能够像毛细血管一样，快速响应 1~3 公里内的消费者需求。用户在线上下单后，距离最近的前置仓可及时出货，满足即时消费需求的同时，实现以更低成本高效配送。

2019 年 3 月，每日优鲜对外披露了前置仓模式的运营成绩：北京市场近 300 个前置仓，已实现持续 10 个月正向现金流，年坪效近 10 万元/平方米，[1] 盈利水平和坪效都远高于传统商超门店。可以

---

[1] 亿欧. 生鲜零售跑步进入"前置仓年"每日优鲜强势领跑行业 [EB/OL].（2019-04-26）. https://www.iyiou.com/p/98555.html.

说，前置仓是每日优鲜最为核心的资产之一。

每日优鲜的快速崛起，也得益于腾讯智慧零售的助力。不仅私域业态的打造和触点运营为每日优鲜带来了流量红利，而且在前置仓的精准运营上，通过用户圈层分析，以"咨询+SaaS"产品形式合作，在新仓选址、线下地推和线上广告精准投放上发挥了指导作用，从而大幅提升了业绩。

在讲述每日优鲜前置仓的数字化运营故事之前，我们先对前置仓模式进行简单介绍。简单来说，这种模式就是在离消费者较近的地方开设小型仓库，用户下单快速配送上门。前置仓的本质其实是用分布式的库存方式，提高保鲜能力、实现高效周转，用较低的成本做大品类的广度和服务的深度。

如何选择最合适的地点开设新仓？又如何让一个新仓快速运营成熟？这些都是影响前置仓运营效率至关重要的因素。通过围绕"人"的大数据分析回答这些问题，能大大提高前置仓的运营和管理效率，少走弯路，事半功倍。

流量是店仓的选址策略最重要的指标之一。行业的一贯做法是，根据统计信息等第三方数据（线上房产网站信息等），在一座城市常住人口较多的区域，寻找3公里内住宅区密集、人口较多的点，通过不断走访并结合配送条件锁定较优选择，再参考其他成熟仓的门店客流，两相比对确定最终选址地点。这一套传统的做法，对客流的洞察仍留在相对初级的阶段，尚不精准。零售商可以估算某一区域消费者总人数,但对不同细分区域的差别,以及同一区域年龄结构、客群分类、收入结构等更为深入的分析是缺失的。

刚开始,每日优鲜对城市具体客群分布情况、同一区域客群分层情况同样处于初步探索阶段。后来与腾讯智慧零售的合作为它提供了新思路,通过用户圈层数据分析,产生了"更深层次的洞察和应用"。例如量化诊断不同仓的客流数量和订单量,挖掘加密仓机会,整合低效率仓等辅助仓的选址。在每日优鲜合伙人兼CFO(首席财务官)王珺的眼中,生鲜消费的基础,就是洞察用户的生活状态,而"腾讯的生活、社交数据与每日优鲜的交易数据有很高的关联性"。

用户圈层分析还能帮助一个新仓快速达到成熟期的单量。地推是新店(仓)的运营从起步走向成熟不可或缺的环节。以往的地推一般依靠团队的习惯经验,现在则有了更为精准有效的数据做支撑。每日优鲜结合用户购买数据和腾讯对周边潜客的洞察,以客流渗透率划出周边高潜地区(潜客人数多但渗透率低于平均值)。根据渗透率及人群分析,精准安排地推资源。原本地推人员更倾向于去熟悉的地方,但这些地方一般每日优鲜覆盖率已经较高,新用户较少,地推效率很低。数据化指导地推选址,能缩小此前因盲目选择而导致区域间渗透率差距大的现象,更好地监测管理地推效果,让新开仓的渗透率达到理想单量的时间大大缩短。

用户圈层分析将"洒胡椒面"式的推广方式,转变为"精准靶向"直击。这对提升店（仓）的运营效率提供了很大帮助，单仓单月的渗透率提高 70%，达到理想单量的时间比原来缩短 1/3。而在供应链优化方面，用户圈层分析也能为精准选品提供支持。每月优鲜前置仓的数字化运营如图 5-2-2 所示。

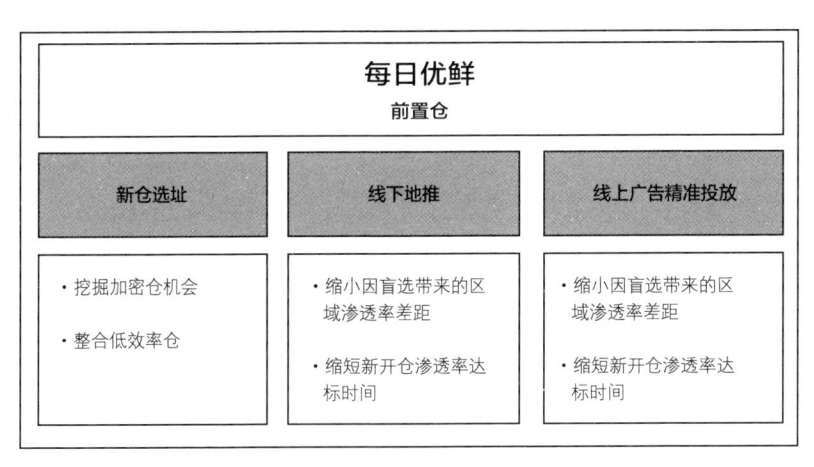

每日优鲜 前置仓		
新仓选址	线下地推	线上广告精准投放
·挖掘加密仓机会 ·整合低效仓	·缩小因盲选带来的区域渗透率差距 ·缩短新开仓渗透率达标时间	·缩小因盲选带来的区域渗透率差距 ·缩短新开仓渗透率达标时间

图 5-2-2　每日优鲜的数字化运营应用举例

通过数字化运营对市场不确定性的驾驭，选址、地推、选品等工作变得更精准高效，提高了前置仓模式的运行效率，降低经营成本。王珺认为这正是数字化的核心逻辑："零售最困难的地方，本就是很难管控具体实施步骤，但用户圈层分析提供的精准数字化运营指导，可以让运营活动减少对人员经验的依赖。"

永辉生活·到家：
客群分层，步入卫星仓模式 2.0

2018 年 6 月，永辉云创旗下的永辉生活推出了到家业务，通过独有的卫星仓模式，向消费者提供更便捷的 O2O 服务。

永辉生活的卫星仓比"电商前置仓"更为复杂。生鲜电商由于没有线下门店，所以乐于采用前置仓。而一些商超企业，则是把门店本身视为前置仓，店仓合一。永辉本身就拥有丰富的门店业态，如永辉超市、超级物种、永辉生活等。永辉的卫星仓与其他业态平行布局，满足消费者的到家服务，也意味着永辉业态的进一步丰富。像永辉这种拥有多业态的企业，要提升协同效应，最大化地提升用户资产和生意总额，非常具有挑战性。每个业态吸引怎样的用户？差异化定位是什么？如何选品和精准营销？用户在不同业态之间如何流转？业态如何扩张和优化？这一系列问题在以往可能更多是凭经验来回答，但仅依靠经验的局限十分明显。

借助腾讯智慧零售"咨询 +SaaS"服务，通过用户圈层分析，永辉生活·到家先识别和细分核心用户，再优化卫星仓选址与用户渗透策略，完善用户运营体系，进一步推进数字化用户驱动的智能选品、营销推广和高效运营，驱动销售增长和业态协同。

在核心用户群识别前，业态扩张、品类选取和用户营销都无法做到十分精准地决策。例如新仓的建设以及城市扩张更多是基于行业经验、人口密度、商圈/住宅区的建设情况来判断；城市内不同的仓备货雷同，仅仅根据销售情况被动补货；广告投放和促销活动也没有针对不同用户群做区分，大多是一刀切。

永辉的数据与腾讯位置大数据和社交标签结合之后，通过数据模型学习、识别和归纳核心用户群，按照AIPL的模型分析洞察核心用户群的行为，为业态扩张、品类选取、用户营销提供更扎实的决策支持。

在筹备期的选址分析阶段，商家往往普遍面临两大难题——如何确定进驻的城市？如何确定所在城市的具体开店布局？通过核心用户群密度结合竞品渗透率，在潜客质和量上进行双重把关，可以有效筛选高潜力地区或城市，从而进行扩张；针对特定城市的具体开店（仓）点选取，也可以进行更细颗粒度的定位推荐。

在品类选取方面，重在根据目标受众的构成与购买行为，进行差异化的备货。譬如数据显示，某家新开的店（仓）周边社区中老年消费者居多，那么其在选品上可以更主动地向银发消费偏好倾斜。这样的能力支撑，在冷启动时期可以有效减少试错成本，节省新店"摸爬滚打"的时间，同时也能更精准地进行销售预测，主动补货。

在制订营销计划的时候，效果和成本都是很重要的考量。根据潜客渗透率和核心用户群的特征，可以优化地推活动的选址和机制，提升每一次地推的营销效果。为不同用户群定制化地设计营销活动，能有效提高购买转化，提升营销费用的回报率。更进一步，永辉生活·到家还能借助腾讯的能力分析用户群在不同仓、店业态之间的流向，进行经营诊断和生意机会的挖掘，避免"左手倒右手"的存量竞争。

以福州为例，永辉生活·到家划分出五类核心人群：女性上班族、男性上班族、健身达人、宝妈和家庭主妇。福州市女性上班族是消费主力，她们购买了更多的水果、零食，对甜味食品（火龙果、蜜饯等）有明显偏好。而福州的男性上班族群体喜欢酒水饮料，对软抽纸、可乐、运动饮料和啤酒有着明显偏好，但生鲜消费很少。此外，宝妈、健身达人和家庭主妇等人群，也有着明显的客群偏好差别。根据这五类人群的偏好特征结合商品数据便可以提炼出不同的"商品包"。

原本线上小程序或者 App 的"为你推荐"中，商品都是来自大盘消费者的随机推荐。但是现在，可以根据用户标签，把对应人群"商品包"作为首轮推荐商品，再根据用户后续的行为动态调整。在首页专场入口，也能根据不同人群标签，呈现不同专场、多专场轮播，再根据用户点击情况优化标签。而在线下推广时，可以分析出不同客群在线下最常出现的地理位置。比如上班族到访商业综合体、电影院和运动健身场所的概率更高；而宝妈到访电影院、幼儿园及超市的概率更高。在不同的场景推广和投放广告时，展示的商品可以向相应人群的喜好倾斜。这些方式，都大大提高了运营精准度，缩减了试错成本，让卫星仓更为快速地进入成熟运营阶段。

永辉生活·到家的数字化运营见图 5-2-3。截至 2019 年 6 月，永辉生活·到家一年服务超过 130 万人，用户复购率已经达到

70%。[1] 这是在数字化运营的支撑下，提供针对不同客群更为颗粒度化服务的结果。

永辉的创始人之一张轩宁在2019年5月的腾讯全球数字生态大会上表达了自己的观点："消费分级下，用户的需求变得多样化、多边化、多渠道化。"因此，无论是在业态还是运营方式上，都应当以更颗粒度化的解决方案满足消费者的个性化需求，这才符合他对数字化运营的期待。

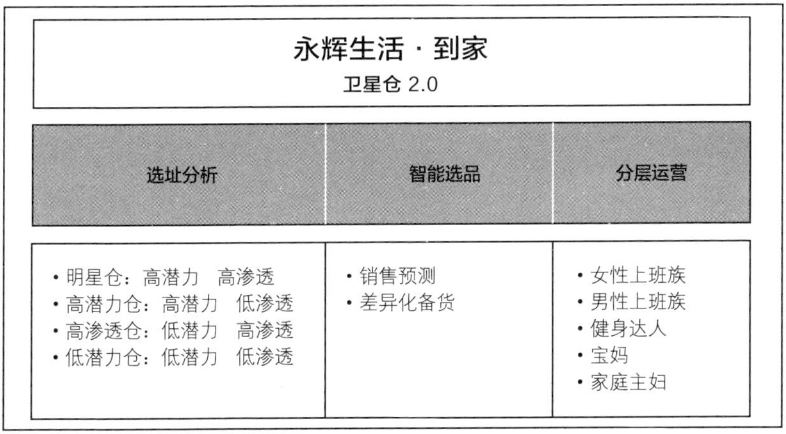

永辉生活·到家 卫星仓2.0		
选址分析	智能选品	分层运营
• 明星仓：高潜力 高渗透 • 高潜力仓：高潜力 低渗透 • 高渗透仓：低潜力 高渗透 • 低潜力仓：低潜力 低渗透	• 销售预测 • 差异化备货	• 女性上班族 • 男性上班族 • 健身达人 • 宝妈 • 家庭主妇

图 5-2-3　永辉数字化运营应用举例

1　零售氪星球.进化的前置仓？一文读懂永辉生活·到家卫星仓2.0和腾讯干了啥[EB/OL].（2019-07-05）. https://mp.weixin.qq.com/s/foWzHfGqPF5fiLhB1xJD2g.

第三节 购物中心领域应用举例

回顾中国商业地产的发展历程,从 21 世纪初的迅猛增长再到今天的稳定繁荣,近 20 年间已经发生了深刻的变革。2014 年全国新增购物中心面积占商业地产总存量的 23.5%,到 2018 年这一数据则进一步降低至 13.5%。[1] 中国商业地产整体进入"存量时代",模式竞争将取代规模竞争。

存量时代是一个"精耕细作"的时代。面对随时打卡拔草、消费更加圈层化、体验更加个性化的消费者,想要在众多竞争对手中脱颖而出,比拼的是定位、特色、服务体验和精细化运营能力。

作为零售品牌的"集合式线下载体",购物中心"打铁还须自身硬"。蛋糕还是那么大,但是分蛋糕的人越来越多了。有了这个压力,许多购物中心都在思考如何细化产业链条里每一环的运营颗粒度。数字化运营无疑成为先发制人的必备举措。

数字化运营贯穿从规划建设到成熟运营的完整产业链条。在规划建设环节,主要在于地块评估和战略定位,解答"该不该进驻"和"以什么定位进驻"的问题;开业之后,通过对客群画像、竞争关系、商圈演进等分析,解答规划动线、招商、商铺落位和客流运营、

---

1 赢商大数据.中国购物中心 2019 年度发展报告 [EB/OL].(2019-06-14). http://www.sohu.com/a/320458578_100249852.

营销推广的问题；在收入管理环节，也可以通过对购物中心内业态组合提供建议，助力整体业绩提升。

购物中心都在想方设法增加体验感，留住原有客流，吸引新客流。在竞争并不充分的情况下，各家都采取粗放式经营，差别并不明显。但当下竞争充分，应用数字化技术，客观地统计客流量、消费者喜好特征、购物路径等，能让体验和客流的提升计划变得有据可依、有规可循。

在这样的背景下，腾讯智慧零售希望通过"咨询+SaaS"，助力购物中心在规划建设和项目升级、活动与营销、经营与竞争监测以及收入管理四大环节中，寻找精准运营的策略。图5-3-1为购物中心数字化运营应用举例。

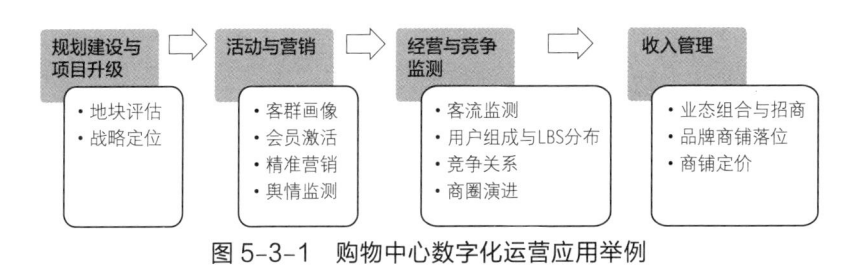

规划建设与项目升级	活动与营销	经营与竞争监测	收入管理
·地块评估 ·战略定位	·客群画像 ·会员激活 ·精准营销 ·舆情监测	·客流监测 ·用户组成与LBS分布 ·竞争关系 ·商圈演进	·业态组合与招商 ·品牌商铺落位 ·商铺定价

图5-3-1 购物中心数字化运营应用举例

下面将以近年来国内商业地产的"运营标杆"之一大悦城为例，看看用户圈层分析的整套方案是如何扮演大悦城的"数字化智囊"角色的。

大悦城：
圈层视图助力精细化运营竞争

"近者说（悦），远者来"[1]，"大悦城"的名字源自《论语》。古人的理想，落在购物中心的商业逻辑上也恰如其分——让附近的人感到愉悦，让远方的人慕名而来。

2007年，第一家大悦城在北京西单开业。以"年轻、时尚、潮流、品位"为标签，成为当时西单商圈最具影响力的购物中心。截至2019年年中，大悦城控股已在全国开设13家地标性购物中心，跻身城市中产的消费胜地。

但进入存量时代，购物中心的竞争日益白热化。大悦城与腾讯智慧零售的合作，几乎把整个决策链条上可以用数字化决策的环节，都进行了尝试。依托用户圈层分析在四大环节上的应用能力，从场外竞争性研究切入，到场内消费者研究，指导营销活动和收入管理，再延伸到项目选址研究。

大悦城与腾讯智慧零售的深入合作，正基于商业地产行业对精细化运营的诉求。"以往只是看自己的消费者，只看到场的消费者，并不知道场外的消费者，或者是我们的消费者到场外是一个什么样

---

[1] 语出先秦·孔子《论语·子路》："叶公问政。子曰：'近者说（悦），远者来。'"

的表现。"大悦城控股商业管理中心首席信息官张灿的感受直指购物中心的痛点。

大悦城要维持自己的竞争优势，就必须关注场外发生的变化。要知道哪些商圈的客流在增长，哪些客流在下降，甚至某一区域的消费者为何被其他商圈"分食"。只有知己知彼，才能"保住自己的客流"。

但光靠大悦城的一方数据，很难有完整的视图。腾讯的数据能力，正好补充了大悦城缺失的场外数据，可以用来分析不同商圈、购物中心的竞争关系，以及城市商圈的演化过程及趋势。同时，两方数据结合也构成对用户更完整的了解，对引入品牌、衡定商户租期、规划动线等都有影响。

最初的合作实践，选取了与北京的多个商圈进行客群流向和影响力辐射范围方面的调研分析。

调研结果显示，2019年1—6月到访过西单大悦城的消费者1/5为居住在5公里范围内的人群，但是有超过1/3的消费者为15公里外的人群。这表明西单大悦城辐射全城范围，它与北京市的大多数购物中心都存在着竞争关系。

用户圈层视图进一步分析，从2018年到2019年，西单大悦城与某购物中心的高竞争区域迅速增加，而诸如中关村和西红门这些具有较明显区域性覆盖特点的商圈，对大悦城的客流影响则较小。

"通过用户圈层视图，可以直观看到北京城南的某商圈开设了某些新业态，正吸引部分客流向南流动。"腾讯智慧零售项目经理在复盘大悦城案例时认为，根据这些场外竞争对手的变化情况，大悦城可以及时调整运营策略，吸引新消费者，留住原有消费者。这无疑给大悦城带来了极大的价值。张灿特别肯定了这一点，"我现在可以了解场外客群的消费动向，更有针对性地提升竞争力"。

大悦城的场内分析，则聚焦在对消费者的分类洞察和经营策略的调整上。按照大悦城的定位，其目标客群主要集中在18~35岁的年轻群体。张灿及其团队想要了解在一段时间内，大悦城的到场客流，是否在年龄、特征上与公司的定位契合。通过对大悦城的会员进行分析，将客群主要分为六大类型：价值导向的消费者、事业有成的高知一族、年轻单身玩乐族、而立男士、初入职场的年轻人和学生、成家淑女。这六大类型贡献了大悦城最主要的销售额。

六大群体的消费习惯和偏好，对大悦城内的入驻品牌选择具有重要参考价值。其一体现在业态筛选上。譬如朝阳大悦城此前针对儿童等客群的家庭消费业态较多，通过圈层分析发现，虽然儿童业态贡献了较高的客流量，但是消费占比并不高。后来，大悦城基于分析结果调整经营策略，适当减少偏少儿的业态，增加针对年轻人（主流客群）的消费业态，调整后的营业额提升明显。

用户圈层分析的影响还体现在品牌引进上。大悦城曾经针对一个鲜为人知的国外品牌做了许多用户问卷调查，结果显示消费者的兴趣度一般。但是圈层分析发现，该品牌与大悦城的客群喜好匹配度高，具备不错的发展潜力，最后决策团队还是决定引进该品牌。

品牌到场半年后的业绩表现良好，与圈层分析的预期相符。

除了场外竞争性研究与场内消费者研究，用户圈层分析也帮助大悦城解决"选址难"的问题。购物中心投资较大，在选址上更为谨慎。"进入一座城市，要先看我们适不适合这座城市，还要考虑拿哪块地，拿地以后要做业态规划，这些都需要数据支持。"张灿希望这些流程能摆脱以往仅凭借经验进行决策的状态，而是依靠全面和科学的数据分析作为决策指导。

腾讯团队在各个环节给大悦城提供建议。在拿地环节，可以提供区域选择建议，指导大悦城选择最合适的地块；在业态规划环节，根据该区域的人群属性分析，给出相应业态布局建议。基于用户维度的精准数据分析，又能使大悦城以最大可能找到最适合的入驻区域。

除了腾讯团队的助力，大悦城自身的数字化基础和能力也是实现数字化运营的重要支撑。相比于其他购物中心，大悦城是国内最早进行数字化升级的企业之一。从2015年开始，大悦城就开始借助移动支付、腾讯街景等工具，打造飞支付、飞街景等产品，来提升场内数字化体验，并通过公众号等工具沉淀数据资产。2017年，大悦城自主开发上线全新的商业地产运营管理系统——悦·云。这一系统以数据资产为核心，以客流和商户为切入点，实现精准客流、线上线下一体化等功能。

购物中心正在告别过去激进的扩张模式，转而进入比拼数字化运营的阶段。大悦城在这一轮效率竞争中，无疑已经抢占了先机。

附大悦城数字化运营应用示意图,见图5-3-2。

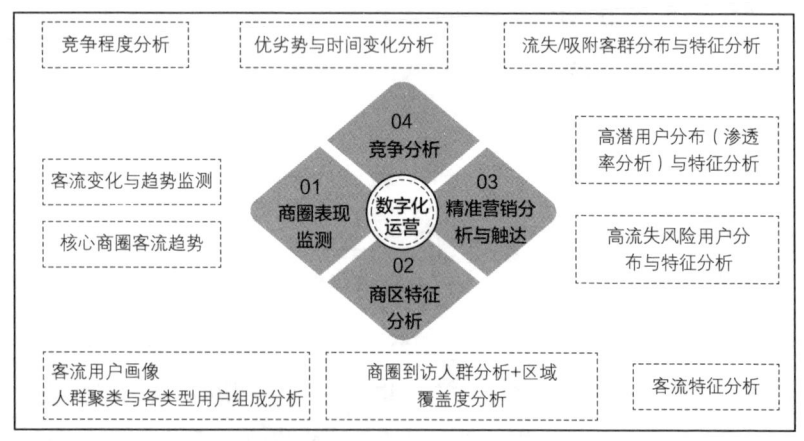

```
竞争程度分析          优劣势与时间变化分析        流失/吸附客群分布与特征分析

                            04
                          竞争分析
客流变化与趋势监测        01              03        高潜用户分布(渗透
                      商圈表现  数字化  精准营销分     率分析)与特征分析
核心商圈客流趋势         监测    运营   析与触达      高流失风险用户分
                            02                  布与特征分析
                         商区特征
                           分析
客流用户画像           商圈到访人群分析+区域
人群聚类与各类型用户组成分析    覆盖度分析           客流特征分析
```

图 5-3-2 大悦城数字化运营应用

第四节 鞋服、美妆和运动领域应用举例

围绕用户圈层分析的数字化运营,鞋服、美妆、运动等领域的企业也同样有需求。

相比前文提到的商超和商业地产,鞋服、美妆、运动等领域的品牌数量更多,潜在客群划分更细,这必然导致更为激烈的行业竞争。同时,这些品类的品牌门店往往位于商业街或购物中心,对消费者的吸引一方面源于品牌自身,另一方面则来自所在商圈的辐射能力。

这意味着鞋服、美妆和运动品牌需要以更主动、精准的营销策略，进一步做强品牌的吸引力和覆盖面，同时基于对优势商圈的入驻选择，嫁接更多目标受众的消费场景，实现门店经营效能最大化。

对于鞋服、美妆、运动等领域的零售企业和品牌商，一套比较常规的用户分析和运营逻辑：定义并理解目标消费者（Who）→梳理目标消费者的触达路径（What）→制定目标消费者的运营策略（How）。见图5-4-1。许多品牌在数字化程度较高的常规线上阵地已经开始尝试将数据分析融入日常运营的脉络中。Who → What → How 的每一阶段都是基于对用户数据化的理解，做出精细且精准的运营决策。可是企业对于线下消费者的理解程度远达不到线上水平，大部分是通过用户调研和访谈等传统的手段掌握部分信息。

Who 定义并理解目标消费者

What 梳理目标消费者的触达路径

How 制定目标消费者的运营策略

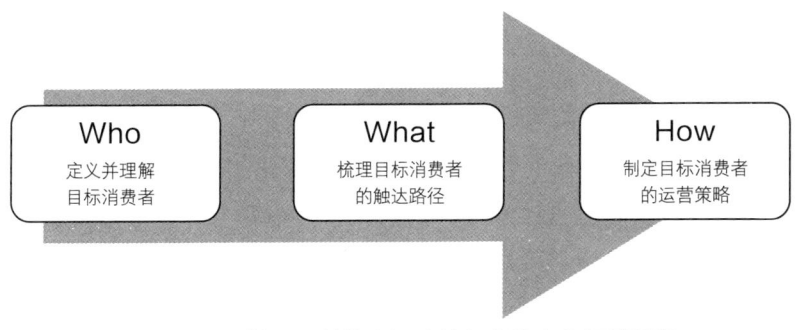

图 5-4-1　鞋服、美妆和运动等行业数字化运营逻辑

有了智慧零售的支持，一方面可以将这套精细化的用户分析和

运营逻辑延伸到微信生态和线下门店；另一方面能覆盖品牌自身无法分析的盲点，结合品类的数据，线下门店所在商圈和城市数据等，提供更完整、更全面的用户画像和行为路径分析，制定更为精准的营销策略，拓展更多消费场景。

接下来我们将通过正在探索品牌转型的ONLY、逆风翻盘的国民潮牌李宁和国际美妆品牌M.A.C，了解围绕用户圈层分析的数字化运营探索如何为鞋服、美妆和运动等领域创造新的价值。

ONLY：
圈层分析"圈粉"新世代消费者

绫致服饰与腾讯智慧零售的合作全面且深刻，涉及数字化用户、数字化触达和数字化运营三方面。它们不仅合作搭建了三大私域业态，用户圈层分析亦是其核心诉求之一。绫致旗下快时尚品牌ONLY就是双方在数字化运营方面合作的代表案例。

过去几年，中国服装行业发生了剧烈变化：2011—2019年，零售额同比增长率从14%下降到6%，经历短暂的上升后（2018年为8%），这一数据又下跌到5%。[1] 存量市场的竞争态势已经凸显。

---

[1] 数据来自欧睿（Euromonitor）关于2011—2019年中国服装行业的市场研究。

这其中，新兴中产阶级和Z世代将是最大的贡献者，而这也正是ONLY最需要获得的人群。

腾讯智慧零售与ONLY将双方团队的数据结合分析，通过理解快时尚品类的消费者画像，梳理ONLY的目标客群和潜在客群，从提升品牌形象、优化产品设计、门店运营和会员精准营销四个维度提出了经营建议。

在项目初期，腾讯智慧零售先对快时尚大盘消费者进行人群聚类，得出了四类主要消费人群：优雅成熟宝妈、小镇个性女孩、时尚活力白领和都市追星少女。通过大数据分析和消费者调研，帮助ONLY理解不同人群的人口属性、消费能力、服饰风格、购买决策行为等方面的信息。

更进一步，腾讯智慧零售可以比对ONLY的核心客群与目标消费者的数据，根据AIPL消费路径，挖掘"新客获取"和"转化与复购"提升的机会。例如，其中一个发现是ONLY的核心客群为"优雅成熟宝妈"与"时尚活力白领"，相较于大盘相同的年龄层，ONLY的覆盖率偏高；但在更为年轻化的客群中，ONLY的覆盖率就比大盘低。究竟是AIPL的哪个环节出了问题，导致ONLY没有跑赢大盘呢？再拆分来看，"认知（A）和兴趣（I）人群"如ONLY的公众号粉丝，比起"购买人群（P）"更接近于大盘。通过了解品牌对比大盘的状况，可以更准确地诊断问题出在哪一个阶段、哪一类人群，从而更有针对性地提出解决方案。

基于对目标人群的深度理解，便可以进行更深层的拉新、转化和复购分析。

首先在转变品牌形象上，摆在ONLY面前的一大难题是：如何解决品牌年轻化的问题，赢得新世代消费者的喜爱。解决了这个难题，便可以大大提高拉新的效果。智慧零售与ONLY的调研团队发现，不购买ONLY的年轻客群，对于品牌评价偏向"保守、不时尚"，有消费者甚至毫不留情面地指出："ONLY好像偏掉了，橱窗放的往往不是现在最流行的。"这样的信号无疑是危险的，抓不住年轻人意味着未来客流的下滑。

因此，智慧零售团队建议，通过增加社交类媒体的互动内容实践和寻找合适的形象代言人，来增强对新世代客群的吸引力。至于选择怎样的社交媒体，如何挑选合适的偶像、红人博主，则可以对细分人群做颗粒度更细的兴趣偏好等调查分析。

在产品设计维度上，不同的客群对ONLY有不一样的看法。"时尚活力白领"因为品牌缺少时尚流行的元素而不选择ONLY；"都市追星少女"则形容ONLY是"小时候看妈妈穿的品牌，没什么特点"，因为缺乏情感连接不愿意消费。

要想抓住年轻消费者的心，除了抓住流行的趋势改善产品设计，也可以考虑与受年轻人喜欢的IP合作打造联名爆款。那什么样的款式是年轻人喜欢的呢？该选择什么样的IP才更合适呢？这些问题用户圈层分析都可以回答。

绫致智慧零售部门前负责人刘东岳对数据分析十分看重，它们为ONLY针对不同群体开发IP联名款，进行定向精准营销提供了决策依据。在2019年"思路零售数字化进化者大会"上，刘东岳就公布了一组数据："天天爱消除是女性用户最多的一款手游，我们（和腾讯）一起做了11款T恤，今年4月份上市，各个渠道总共卖了920万元。"

除IP联名之外，还可以有效利用用户圈层分析，让产品的开发紧随消费者需求，布局C2M模式。在2019年9月采访时，刘东岳特别强调了零售业的这一发展趋势，"潮流并不是看时装周就了解市场需求，而是通过数据化的反馈，预测一定范围内的消费者对某一品类的消费总量以及消费趋势"。所以，通过C2M反向定制的模式做产品是未来市场的客观需求。

除了品牌形象与产品提升，在门店经营和会员管理上，用户圈层分析也能提供有价值的经营策略建议。以朝阳大悦城店为例，ONLY位于该商场三层的"少淑女装"区域。通过比对门店和商场的客流数据分析发现，该门店的成熟宝妈和白领客群渗透率相对较高，而年轻客群的渗透率却较低，但大悦城的年轻族群占比最高。这一分析结论为ONLY的运营提供了重要参考，比如在门店外嫁接更多娱乐性场景（快闪店等形式），作为场内营销或门店引流的手段之一，吸引年轻人到店，提高客群渗透率。

又比如，通过对细分人群的线下"游逛"轨迹分析，到访大悦城的潜客，也频繁到访朝阳区 1 号、6 号地铁沿线，特别是常营站、大望路站以及大悦城周边的到访频率最高。在这些区域投放 ONLY 的广告，或者通过基于 LBS 的线上营销手段，可以有效触达并影响潜在客群。而对比潜在流失人群和主要购买人群，可看出不同人群的忠诚度、流失率、流失人群与其他品牌相关度等。由此可以更有针对性地优化会员计划，提升品牌忠诚度，策划流失人群的召回举措。ONLY 数字化运营应用见图 5-4-2。

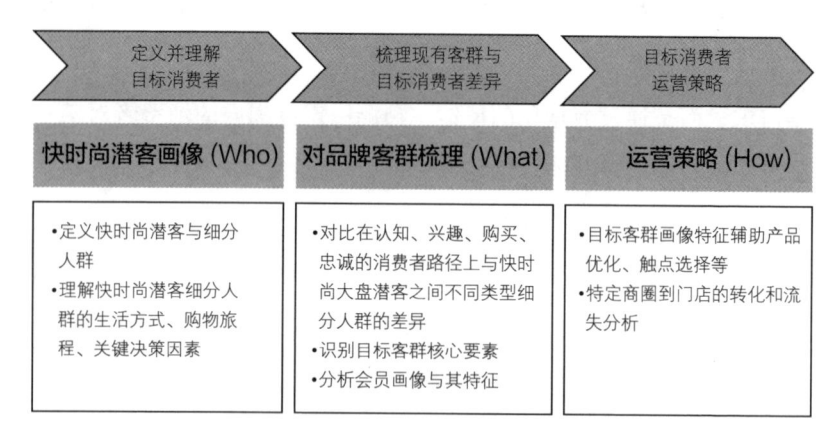

定义并理解 目标消费者	梳理现有客群与 目标消费者差异	目标消费者 运营策略
快时尚潜客画像 (Who)	对品牌客群梳理 (What)	运营策略 (How)
•定义快时尚潜客与细分人群 •理解快时尚潜客细分人群的生活方式、购物旅程、关键决策因素	•对比在认知、兴趣、购买、忠诚的消费者路径上与快时尚大盘潜客之间不同类型细分人群的差异 •识别目标客群核心要素 •分析会员画像与其特征	•目标客群画像特征辅助产品优化、触点选择等 •特定商圈到门店的转化和流失分析

图 5-4-2　ONLY 数字化运营应用

以上种种仅仅是双方合作的部分例子，还有许多探索正在进行。用户圈层分析为品牌经营提供了客观全面的决策基础，企业可以解读表层现象背后更为深层的原因。正如刘东岳在谈到智慧零售时所说的那样，"企业重要的是看本质、看长线价值"。而 ONLY 的破题本质，无疑是理解数据背后人的变化，抓住新世代消费者，形成真正可持续的增长模式。

李宁：
智能决策的雏形，搭建数字化运营决策平台

作为国产运动鞋服的领导品牌，李宁公司从成立到现在 30 年，经历过困境和重生，李宁的生命力远比外界了解的更为强大。

虽然是传统品牌零售商，但李宁不仅在品牌建设上大胆创新，在数字化建设上也敢为人先。从 2015 年开始，李宁就提出数字化转型的要求。"李宁公司数字化转型的目标就是从公司的产品需求分析到规划设计、产品订货组货、生产和铺货，以及零售的运营，整个端到端的完整业务流程都能够用数字化的决策模型去支持。"这是李宁 IT 部门负责人朱远刚的看法，他认为数字化转型更多的是整个数字化运营体系的改变。这样的变革不仅是整个业务环节的数字化，也是跟消费者沟通的数字化。建立数据决策模型，也是未来向自动化决策、人工智能决策发展的雏形。

与腾讯智慧零售的合作亦是李宁数字化改革的重要一环。双方合作打造的"商圈评级体系"，就是通过用户圈层分析为李宁提供选址决策依据。

李宁从这一角度切入，也是基于自身的发展经历。与大多数中

国运动品牌一样，李宁主要负责设计、生产和品牌维护，销售交给全国各地的子公司和经销商。但是经销商良莠不齐，很多都对门店经营缺乏敏感性和准确性，导致终端销售不畅，库存积压。这迫使李宁开始更加注重自营零售和经销商终端零售的管理。

门店选址的能力不足，是当时经销商销售不畅的重要原因之一。"我们以前门店选址由地方经销商决定，品牌方很少过问，只需要签字批准就可以了。"李宁渠道总经理王丰在谈起这一模式时，认为李宁确实为此栽了跟头。

为解决这一问题，在把部分门店的经营权收归总部之后，李宁开始与腾讯等科技企业合作，通过搭建"数字化决策平台"来辅助门店选址决策。

王丰将选址课题总结为建立"商圈评级体系"。他打了个比方，"李宁需要有一个科学全面的评级体系来辅助决策选址。这就好比招聘，到底什么样的人才适合公司？这需要一套完善的方案"。不同行业的门店选址存在差异性。鞋服、运动行业的选址不仅与周围消费者有关，更与城市商圈、购物中心紧密相连。这套评级体系需要对城市、商圈、商业体三个层面进行综合评级，才能更全面、科学地获取数据，辅助门店选址决策。

李宁首先需要对入驻城市进行分析。通过分析城市相关数据，把中国的地级市进行分档；其次，对城市商圈进行评级，借助腾讯智慧零售的LBS能力，将全国数千个商圈按照聚客能力分为顶级、核心和非核心三个等级；最后对商业体评级，根据客流量大小、品牌组合、消费能力、交通便利性等维度数据，筛选全国数千个商业体，按照优秀、中上、一般、较差划分为A、B、C、D四个档次。多层级、多维度的辅助分析选址远比仅凭流量和经验判断更为准确。

广州正佳和北京荟聚店的选址便是基于"商圈评级系统"所做的决策。天河商圈是广州顶级商圈，商圈内有天河城、正佳广场、天环、万菱汇等多个成熟商业体，李宁公司通过商圈评级系统对每个商业体的消费者性别组成、年龄组成和购买力分析后，认为正佳广场是最适合李宁品牌开设旗舰店的商业体，因为商圈系统显示该商业体年轻客群占比最高。正佳广场李宁旗舰店开设后的业绩也完全达成了李宁公司的预期。北京荟聚购物中心开业初期因位置相对较偏，李宁公司并未进驻，后期通过商圈评级体系判断该商业体客流趋势，认为成长前景较好，值得进驻，便果断启动谈判。店铺开业后，业绩增长明显，2019年公司继续加大投资力度进行店铺扩面，李宁时尚店同步开业，这两个店铺业绩都达到预期。

当然，对单一商业体的评级并不是固定不变的。"在C类和D类区域的商业体开店，我们会更加谨慎。但是腾讯与我们都认为C或D等级并非一定不好，还要做更多实质性的验证。"王丰的看法不无道理，中国的城市与销售渠道发展日新月异，有的商圈前一年评级可能处于C等，但是第二年有可能提升为A等。这意味着李宁需要持续跟踪不同城市、商圈、商业体的演变，不断优化数据模型。

更复杂的是，不同细分品类的销量影响因素不同，因此门店选址的考量也存在差异。例如，卖休闲女装的门店与卖运动服装的门店、销售皮鞋与运动鞋的商家，在选址策略上都会有所不同。所以商圈评级体系还需要进一步丰富和细化维度，以便更精准地匹配不同细分品类的门店选址需求。

商圈评级体系的数据能力还将进一步延伸至洞察消费者。李宁电商事业部总经理冯烨认为："智慧零售的核心就是去探索用户的过程。"通过真实地反馈或者预测消费者的需求，指导产品研发、制造升级、渠道选址、终端布置和提升零售体验等。只有"把数字化用户沉淀下来，我们才能用数据做各种各样的运营提升"。（图5-4-3为李宁的商圈评级体系）

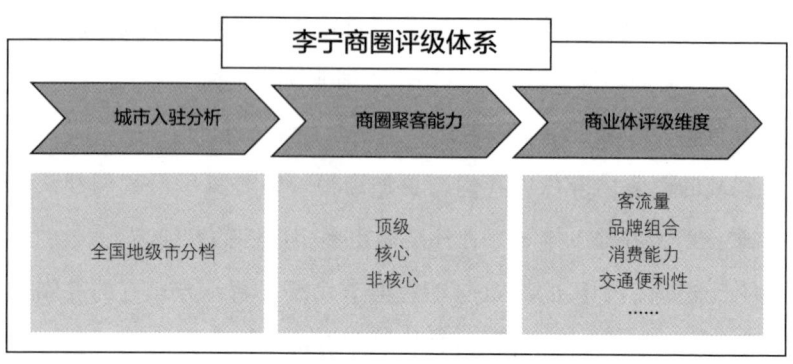

城市入驻分析	商圈聚客能力	商业体评级维度
全国地级市分档	顶级 核心 非核心	客流量 品牌组合 消费能力 交通便利性 ……

图 5-4-3　李宁的商圈评级体系

李宁的实践不是为了数字化而数字化。数字化一定是服务于解决需求和经营决策的。商圈评级体系不仅仅是"数字化决策平台",它将随着技术成熟而更为强大,最终成为李宁渠道管理数字化运营的关键内容。

M.A.C:
美妆消费场景的定制化探索

用户圈层分析在美妆领域同样很重要,与其他垂直领域的课题大体一致。企业可以进行人群聚类分析,跟大盘比对挖掘商机;分析商场客流概况和品牌门店的客流渗透率,从细分人群的线下游逛轨迹加深消费者行为理解,寻找潜在跨界合作的机会;也可以依据不同类型的商圈,设计更精准的营销和运营方案;根据商场漏斗转化效率来制定门店或区域层级的目标;等等。其中,M.A.C就是美妆品牌与腾讯智慧零售进行数字化运营合作的典型案例。

M.A.C与腾讯《王者荣耀》进行IP合作推出限量版口红,通过用户圈层分析了解目标消费者的圈层偏好,对细分消费者进行分层运营。这次的合作在大学生和年轻白领中取得巨大反响。通过更为精准的消费场景切入,M.A.C吸纳了游戏圈层用户,扩大了消费群。

M.A.C还在探索通过线下LBS洞察及触点体系规划,吸引把握潜客。以大学生这个细分人群为例，大学校园周边对于M.A.C而言，就是一个潜客聚集密度较大的区域。但是不同高校有着显著差别。用户圈层分析的用处，就在于将高校聚集区的不同区域，进行更加细致化的分析，为品牌筛选出更易切入的场所。

比如成都的某大学，学生日常到访的场景和地点是流动的，但还是可以把他们线下路径大致归为"流量爆点型""频繁到访型""常住区域"三类。每一次的音乐节、动漫展等带来的人流爆点已经远超想象，这属于"流量爆点型"。要把握在这一场景下的潜客，可以不局限于开设门店，而是探索更多的形式和可能。最典型的例子，就是在学生群体聚集的音乐节上，通过设置快闪店的形式，嫁接进音乐节的消费场景，为消费者打造节日妆容。而在"频繁到访型"中，可以进一步细分为"日常动线"和"休闲娱乐"。除了常逛的几个商场之外，大学生多数时间在学校里，可以选择学生常去场所的沿线地铁站投放LBS类型的广告。他们周末经常会去各种各样的画展、酒吧等场所放松，这时候就可以考虑跨界合作引流。而在这一区域搭建的消费场景，在产品结构上也会与在购物中心的门店相区分。M.A.C品牌总经理江晨就强调了这样的差异："不同场景下货品肯定应该不一样，礼品也不一样。比如消费者为大学生，可能毕业时候搭配毕业礼盒，或者在产品上打个校徽。这些都是依靠数字化（运营）来驱动的。"（图5-4-4为M.A.C线下潜客场景洞察应用）

M.A.C需要的是更为颗粒化和定制化的运营策略。而这些，都需要基于圈层视图的数据能力，对潜在客群进行精准分析和辅助决策。简而言之，M.A.C与腾讯智慧零售一起，通过用户圈层分析，对目标人群制定更为颗粒化和定制化的运营策略。

	动态					静态
	流量爆点型	频繁到访型				常驻区域
		动线POI		休闲娱乐POI		
		周中	周末	非商场	商场	
洞察要点	是否有人群密集的活动场所	人群活动线路是什么		偏好的活动场所	购物场所	是否存在明显社区聚集点
聚客引流转化方式	PoP-Up快闪店	时间X空间 LBS地铁站 投放策略		门店周边引流合作伙伴	异业合作/体验店	社区店

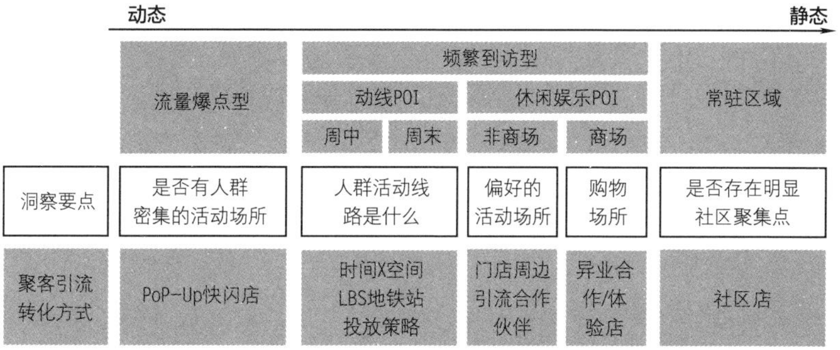

图 5-4-4 M.A.C线下潜客场景洞察应用

第六章

零售数字化是 CEO 工程

引言

"超级连接"指引零售商家从"数字化用户"到"数字化触达",再到最终实现"数字化运营",其过程指向明晰,但不乏重重阻碍。

实现数字化运营,不仅需要打磨一线零售模式与细节,更需要解决组织内部的矛盾;不仅要自上而下地坚定推动,也要由内而外地开放包容。毋庸置疑,这是一条攀登者之路,中国零售业仍需不断跋涉向前。

"三通"工程是腾讯智慧零售探索绘制的航海图。所谓"三通",即在企业 CEO 自上而下的推动下,从"通触点""通绩效""通数据"三个层面,实现数字化转型升级的最终落地。它为无章可循的数字化转型路径,提供了稳健有力的可操作升级方案。

第一节　实践智慧零售的"三通"工程

- 通触点、通绩效、通数据 -

2020年1月下旬,零售商的心情跌到谷底。往年春节黄金周都是门店的销售旺季,而在新冠肺炎疫情影响下,几乎所有门店停业,个别企业的业绩暴跌高达90%。不仅大量的产品积压在库房里,而且还有成千上万名员工等着发放薪水。

无论是鞋服、美妆、运动还是3C等领域,都面临着巨大的成本压力和可能"颗粒无收"的市场行情。大考之下,所有零售企业都感受到深重的危机。但从另外一个角度看,疫情可以被视为原本缓慢的零售数字化进程中的一条"鲇鱼",极大催化加速了零售企业发力线上的认知与行动。

运动鞋服品牌安踏成立高层挂帅的抗疫指挥部,主抓有序恢复生产经营,推出创新举措,力求将疫情带来的影响降到最低。安踏打造了"全员零售"方案,超3万名员工和经销商加入其中,通过微信朋友圈、小程序官方商城、超级社群等新形式将"主战场"转移到线上,确保24小时不打烊,销售、品牌团队和所有管理层也开启"云卖货";太平鸟服饰则迅速改善组织架构,总部新增"吸粉""种草""拔草""助威"四支团队,以中台化形式支持门店的搭配师和导购。基于此,太平鸟在线上销售路径的创新开辟上,通过线上会员专场、小程序分销、不同区域轮流直播等"云逛街"形式，让疫情期间业绩不受大幅影响；而一开始还将直播作为"精英业务"的妍丽，迅速联合腾讯开发了"百店百播营运系统"，让一百多家门店的店员全部上线做直播，许多优秀的员工也在"练兵"中涌现出来……这是倒逼也是检验。零售企业在尝试拥抱微信生态和私域新业态创造增量，去弥补线下门店的损失。这考验的不仅是转向的速度和"阵容"，更考验组织的韧性与决心。

在非常时期与"死亡"赛跑，必须快速找到摆脱思维定式的新业务逻辑，找到能与实际相契合、落地完美高效的解决方案。这种战略层面的总动员、大练兵，首先需要解决的就是组织问题："创变"过程中，如何有效打通线上线下各个流程环节？如何解决协同联动的矛盾？如何调动加盟商、一线员工积极性？……这些千头万绪的难题都需要快速找到集成型的落地方案。

短时间内爆发出的显性需求，解决方案却来自长期的打磨与沉淀——"三通"工程是自2018年以来，腾讯智慧零售帮助企业实现现有业态客流数字化、搭建".com2.0"私域业态，以及在开展用户圈层分析的过程中，探索出来的一套切实可行的落地指导。

所谓"三通"工程——通触点、通绩效和通数据，就是"智慧零售"践行者在一片蓝海之中，开辟出的全新"航线图"。参见图6-1-1。它从线上、线下、社交、商业四大类的全触点融通，到以绩效变革推动的组织变革,再到腾讯三方数据与企业一方数据的强强结合,三个维度循序渐进沉淀共建出一套完整的方法论体系,支撑零售企业转型升级的行动落地。

智慧零售的"三通"工程

通触点	通绩效	通数据
• 打通前端消费触点短期见效,建立信心 • 从入口式的"流量思维"转变成"触点管理思维"	• 推动组织绩效变革效果实现可持续 • 以"新KPI"为驱动调整组织架构,实现可持续的业绩增长	• 打通腾讯/商户底层数据精细化运营,降本增效 • 推动数字化运营和数据化决策,进一步降本增效

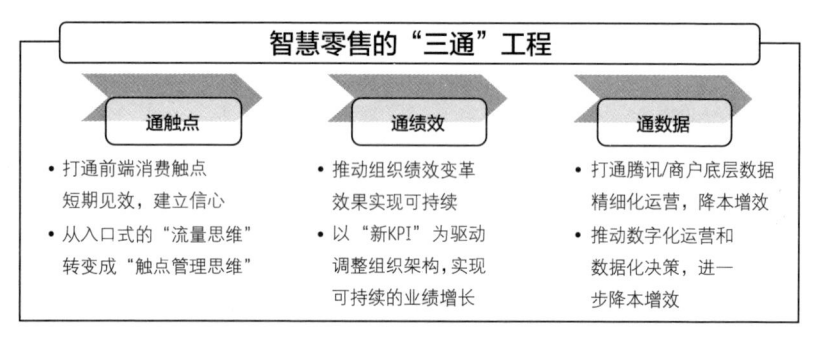

图 6-1-1　实践智慧零售的"三通"工程

腾讯智慧零售运营副总裁田江雪,将触点管理形容为关键性的"修路"环节,是从入口式的"流量思维"转变成"触点管理思维"。在深度诊断的基础上,分析并优化其有效触点,打造极致触点体验,并在短期实现"触点管理",构建私域业态和提升门店客流数字化水平,带来可视化业绩增长。

具体来说,就是将微信生态的超 60 个触点,围绕拉新获客、成交转化、沉淀留存到复购扩散的整个购物流程,进行针对性梳理、设计和组合,形成在不同场景与消费者建立沟通的最佳通路。比如,线下门店智慧屏应该呈现何种内容范式,才能让用户掏出手机"扫一扫"？看似简单的公众号，应该如何运营才能最大化拉新、点击和转化效果？社交小游戏应该如何设计，才能触发更多裂变？微信广告如何选择和组合投放，怎样提高投放的ROI（return on investment，投资回报率）？

"通触点"的过程，其实也是让零售商从流量思维中彻底解放出来，通过管理好与消费者连接的每个触点，以"触点思维"服务终端用户。这的确就是在修一条数字化"高速公路"，施工设计团队需要时刻思考：应该在哪里设置"减速带"？在哪里建立"休息区"？在某条支线上，让消费者以80千米/小时的速度"驶过"，还是120千米/小时更合适？

"通触点"过程看似烦琐分散，但实际是一个先难后易的过程，走向稳定后的触点运营，整体需要耗费的组织精力反而会小得多。因为在成熟运营模式下，运营人员不必每天花费大量精力试错，只需要利用已被验证可行的方法配合数字化工具进行规模化管理，即可"四两拨千斤"。

为帮助零售合作伙伴"通触点"，一方面，腾讯智慧零售相关团队在2018年便启动以"课堂培训+私域业态竞赛+深度咨询"为主要形式的"小程序倍增行动"，培养私域业态的"生力军"和"操盘手"。以2018年11月在微信总部的广州大本营举办的首次培训作为起点，"倍增计划"预期帮助各行各业培育超过1000位运营人才，助力超过 200 个企业成功打造私域业态，[1] 持续创造销售和利润佳绩。另一方面，腾讯智慧零售也在 2019 年中发起"客流数字化孵化计划"，与不同领域的客户一起深入研究店内消费者的痛点和动线，以"培训 + 竞赛 + 实际测试"的方式，孵化出几十个不同的数字化互动方式和 SaaS 产品，提升门店的数字化水平。Vans 在上海正大广场的新店便是典型的代表，通过企鹅智慧大屏互动游戏，吸引顾客驻留互动，并自然地转化成数字化会员。类似的成果在和腾讯智慧零售合作的企业中还有很多。

在"通触点"短期见效之后，更重要的是如何可持续地把触点的运营做到极致，让私域业态和线下客流数字化走向成熟。在此基础上，相适应的组织职责和 KPI 归属调整尤为重要。

如同"修路"之后再"教人开车"，"通绩效"是以"新 KPI"为驱动调整组织架构，实现可持续的业绩增长。通过快速迭代和持续优化运营模式，使团队、组织和整个绩效体系的管理达到规范化，是实现可持续发展的关键。

譬如，在许多零售企业中，公众号与小程序的运营归属不同的部门。公众号往往由市场部门或者 CRM 部门负责，而小程序对于许多企业而言更是从未接触过，不知道该规划给电商部门、IT 部门

---

[1] 腾讯科技.腾讯智慧零售启动全新战略升级，倍增行动重磅发布 [EB/OL]．（2019-05-23）．https://tech.web.com.cn

还是线下门店。公众号与小程序想要产生联动，常常需要跨部门合作。但每个部门的项目优先级和KPI往往不尽相同，例如市场部看中品牌调性、拉粉的效果和阅读率，电商部则更看重公众号是否能够快速为小程序导流形成销量。某些偏品牌导向的内容，可能转化率较低；偏促销但品牌弱的内容，转化率可能更高。在内容运营与销售转化之间的平衡和冲突不可避免。

诸如此类的例子非常多，每个企业会遇到不同的情况。但归根结底，每一次推动新业务模式的发展，都应该以业绩增长为导向，梳理各部门之间的共同目标和绩效指标。

同时，关于"通绩效"，可以从微观与宏观两个方面去理解。

微观层面，通过新的绩效激励机制，调动原组织内员工的参与积极性，在"战术"层面推进下去。激励形式一般围绕短期利益做文章，比较常见的如内部竞赛、订单奖励等。

绩效激励机制的实质是职责与利益的切割问题。无论总部各部门、加盟商、直营门店，还是一线门店的销售人员，没有职责、利益的切割与归属，组织尝试创新的可能性就会大大降低，因为创新本身就意味着失败与风险。绩效激励的具体方案千差万别，但方向大同小异，都是通过利益驱动在执行层面向前推进。比如，梦洁家纺在推进"一屋好货"小程序官方商城时，将相应利润全部返还给加盟商与门店，以调动一线积极性。

绩效激励机制需要兼顾不同渠道与业态之间的利益。"当你一上来就对新业务（线上）砸钱做激励的时候，首先就会跳出来一帮人反对。他们觉得凭什么这里卖一块钱可以抽两成，而以前卖一块钱只能抽一成？"绫致智慧零售前负责人刘东岳认为推进新业务的同时，不能对传统业务和渠道造成损害。绫致的办法是在尊重传统的基础上，将微信生态业务在利益分配上，以额外的利益驱动一线导购参与其中，达成线上与线下的协调。

而宏观方面，"通绩效"则在于推动组织架构的战略变革。

首先，组建一个直接向 CEO 汇报的专门团队以承担重任。新业务的推动，就像做一个好的互联网产品一样，需要快速迭代，小步快跑。CEO 须亲自把关，树立新业务的团队威信，充分信任，果断决策，才能让新业务在面对未知挑战时及时调整。大多数企业都会由敢于创新、接受挑战、在企业也较为有经验的管理层组建直接向 CEO 汇报的智慧零售专项团队，以轻装上阵，先把触点和绩效跑通，迅速探索新业务蓝海。

初步打磨好适合企业自身的发展模式之后，打造成功的"爆发点"，则是促进专项团队稳定扩张和组织架构转型的行之有效的方法。2018 年"双 11"和"双 12"期间，许多第一次构建小程序官方商城的品牌，在短短几天内就实现千万级甚至上亿元的销量。数据增长让这些企业内部迅速形成共识，加码投入。2020 年的新冠肺炎疫情期间也是如此，未曾尝试过社群营销和小程序直播的企业，低成本尝试私域业态后见到了喜人的效果，甚至日销超过百万元。

诸如此类实实在在的"样板",让组织对新业务充满了信心与期许。如梦洁CEO李菁所言,梦洁内部打造门店"样板工程",通过"榜样"撬动组织推进,让其他门店店长和员工看到智慧零售的实际利益点,远比总部口头宣贯更有效果。

在"修好路,教会开车"后,还要把四通八达的道路精细化运营,推动数字化运营和数据化决策,进一步降本增效,这便是"通数据"。

"通数据"是为一步一步地实现全渠道的以用户为核心的数字化运营做准备,包括把企业内部管理的不同系统的数据打通,如CRM、ERP等,还要把不同渠道间的数据打通,如自营和非自营、线上平台和线下门店等;也要把新建立的触点、私域新业态与已有的触点和现有业态打通;更进阶的是把企业的一方数据和腾讯数据、其他第三方数据相结合,以维度更丰富的数据辅助经营决策。

许多企业的IT系统比较老旧,存在不同程度的数据割裂。IT部门仅凭一己之力,往往难以推进庞大的结构性变革。"通数据"不仅仅是IT部门的工作,而需要全公司的通力配合,是艰巨且长期的基础工程。这需要有足够的决心和执行力,与合作方深度互信,才能将四通八达的"道路"实现精细化、全场景调配。

"三通"工程并不是单向流动的工程,而是一个不断循环的过程。从全触点搭建到从绩效入手推动组织变革,再到融通双方数据,智慧零售的"三通"工程,为零售商数字化升级提供了切实可行的落地方法。永辉云创借此快速跑通到家业务，推动全渠道零售布局；步步高建立起敏捷灵活的耦合组织，大大提升数字化转型效率。这些案例，可以使我们更深入地理解"三通"工程的数字化升维图谱。

永辉云创：
领跑到家业务，"三通"加速新业态探索

永辉云创可能是中国最"前卫"的本土零售企业之一。作为数字化的零售先锋企业，永辉云创依靠打通线上线下的多业态布局，领跑全渠道零售。截至2020年初，永辉云创已累计拥有超过3000万数字化会员。[1]

永辉云创或许还是最为开放、管理最为灵活的本土零售商之一。它对内吸收跨国企业、互联网巨头、本土商超等多领域专业人才，以平台型的组织模式鼓励创新业务；对外充分开放合作，借力合作伙伴的数字化能力，不断提升服务消费者的能力。

2018年年初，永辉云创与腾讯智慧零售深度合作，开始了探索零售数字化、走向开放与创新的重要尝试。小程序、微信支付等工具，

---

[1] 中国经济新闻网. 永辉云创接受行业挑战，再次出击吸引消费者[EB/OL].（2019-11-12）. http://www.cet.com.cn/xwsd/2411922.shtml.

开始在永辉云创旗下业态落地。双方打造了全渠道零售的"秘密武器"——永辉生活·到家业务（下文简称"永辉到家"）。而这一整套"秘密武器"的打造，便是以"通触点、通绩效、通数据"的"三通"工程为行动路线。

通触点，是启动永辉到家业态的基础。线下地推、公众号和超级社群是到家业态在启动阶段至关重要的触点。线下地推是拉新引流的主要手段，地推拉来的粉丝可以关注公众号，也可以加入微信群；公众号承担着积累粉丝的重要任务；超级社群是用户运营、社交裂变的主阵地。

三个月时间，永辉到家积累近 130 万粉丝，[1] 按照一个粉丝关联"一家三口"来粗略估计，130 万粉丝代表 390 万消费者，相当于覆盖福州市（常住人口 774 万[2]）50% 以上的人群。此外，永辉到家还深度运营着 600 多个微信群，60 多个 VIP 群。通过较高频次的促销内容推送（一般为 5~6 次/日），以拼手气红包、拼团等方式激活触点，活跃群内消费者。

线下地推、公众号和微信群的触点"铁三角"，再配合门店二维码、微信广告等触点的配合，通过永辉到家小程序完成交易闭环。

---

1 腾讯智慧零售.永辉云创升级卫星仓 2.0，更懂你的生鲜到家服务是怎样炼成的？[EB/OL]. （2019-06-28）.https://mp.weixin.qq.com/s/PEuuUiihuW8BE6QOb5IFmA.
2 数据来自福州市人民政府公开数据，截至 2018 年年底。

到 2019 年 5 月，永辉到家小程序订单占比已经超过 50%。用户整体复购率实现 90% 以上，月均下单超过 10 次。[1]

腾讯智慧零售运营团队与永辉到家团队在位于福州的永辉总部成立联合工作团队。在整个"通触点"的过程中，他们一起跑店，研究地推选址和机制，反复打磨公众号推文，优化群运营的节奏和方式，规划仓的选品，对小程序页面设计、跳转和功能进行持续迭代……在 3 个月的时间里，团队完成了从触点搭建到成熟运营，跑通了永辉到家卫星仓的线上运营模式。

"将不同背景的人融合到一起必然产生'冲突'，但永辉却能快速将冲突整合为合力。"腾讯智慧零售项目经理在与永辉深入合作过程中，对其开放与包容的理念印象非常深刻。腾讯方面最初配备 6 个人，直到后来发展为项目经理、产品、技术、运营等人员组成的专属团队长期驻扎，合作深度可见一斑。

驱动到家业务的数字化管理走向成熟和可持续发展，"通绩效"是必不可少的一步。

永辉云创在"通绩效"上有自己的优势。为了更快适应数字化零售变革的需要，云创很早便开始组织绩效变革。变革的核心是让传统层层向下的管理模式，革新为平台型、生态型组织，建立起全

---

[1] 腾讯智慧零售.永辉云创升级卫星仓 2.0，更懂你的生鲜到家服务是怎样炼成的？[EB/OL].（2019-06-28）.https://mp.weixin.qq.com/s/PEuuUiihuW8BE6QOb5IFmA.

员参与经营、凝聚全体智慧的经营管理系统,以支撑创新业务可以更快适应急速的市场变化。

在永辉到家内部,为了适应O2O的业务模式,到家团队在平台端也分出了几个专门的职能小组,比如用户组、社群组、商品组等,通过打造平台端统一的标准化运营方式,来减轻仓端的运营压力,从而更好地支撑不同城市仓的运营。灵活完善的晋级制度和有效的激励政策,刺激一线员工无论新老,都能迅速参与门店的开拓和运营。

智慧零售的转型升级是一项CEO工程。"三通"的实现,无论触点搭建、组织调整还是数据融通,企业领导人都发挥着不可或缺的作用。特别是在"通数据"阶段,许多工作能够顺利进展,都与永辉创始人张轩宁的支持分不开。这给腾讯项目团队吃下一颗定心丸,为"通数据"顺利进行奠定了坚实基础。

通数据的过程,是结合永辉云创的数据与腾讯的社交、生活等数据的过程。更广泛的洞察可以更好地理解和服务自己的顾客。我们在前一章曾详细讲解永辉与腾讯通数据后的"圈层视图"合作。基于双方数据的有效融合,在入驻城市内,永辉能够迅速了解目标用户密集区域和消费概况,在选址、地推和冷启动组货推荐上得到优化指导,优化卫星仓的运营模式。

经过触点搭建、组织变革与数据融通,永辉云创取得了一系列数字化转型成果。截至2019年11月,永辉到家已经在福州、厦门、上海等多个城市建设了40余个卫星仓。[1]尽管投用时长不到半年，成熟卫星仓的日订单量已达2000单，福州地区整体日订单更是突破6万单（福州卫星仓为23个），复购率高达70%。[2]

作为商超领域数字化转型的先行者以及"三通"工程的深度践行者，永辉云创的经验启示颇具代表性。到家业务的成功，不仅打造了生鲜领域的智慧零售样板，更是永辉在全渠道零售之路上的关键进步。

步步高：
"耦合组织"突围数字化变革

2019年，步步高迎来了值得欣喜的转折点。1—4月份，连续9年为负的来客数指标"转正"，形势得到扭转；通过扫码购等方式，门店实现超过1000万存量会员的数字化；一次社交化营销尝试，仅5月20日一天，就卖出去100万元的小龙虾……

步步高董事长王填将这一转折称为"曙光初现"——步步高正

---

1 中国经济新闻网.永辉云创接受行业挑战，再次出击吸引消费者[EB/OL].（2019-11-12）. http://www.cet.com.cn/xwsd/2411922.shtml.
2 腾讯智慧零售.永辉云创升级卫星仓2.0，更懂你的生鲜到家服务是怎样炼成的？[EB/OL].（2019-06-28）. https://mp.weixin.qq.com/s/PEuuUiihuW8BE6QOb5IFmA.

在穿越转型升级的漫长隧道，"打开成功之门"。

1995年，步步高集团创立于湖南湘潭，经过20余年发展，目前拥有超市、百货（广场）、购物中心、电器城、便利店等业态，成为名副其实的综合性零售巨头。而通过与腾讯智慧零售的合作，步步高搭建小程序商城、布局到家业务等新业态，在全渠道的覆盖上更进一步。

步步高以"三通"工程为行动路线，对线上线下触点进行完善和优化，特别是在支付、小程序和优屏等触点上投入更多力量；对组织架构进行深度变革，以耦合式组织形式提升管理效率和协同能力；与腾讯建立数据合作，为数字化运营提供决策支撑。具体见图6-1-2。

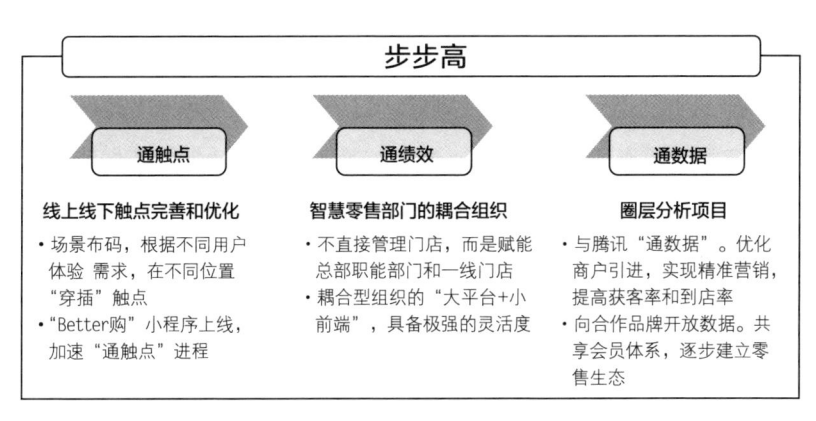

图6-1-2 步步高耦合组织突围数字化变革

扫码购是最先发力的触点之一，在步步高的所有门店都得到广泛普及，大大提高了收银效率，优化顾客等候体验。而通过"支付即会员"等功能，步步高的私域用户积累更为顺畅。随着微信"青蛙"刷脸支付和自助收银系统落地，支付触点的升级，让步步高连接消费者的方式更加多元。

步步高的触点布局也十分广泛，步步高集团高级副总裁兼超市事业部CEO王湘杰回忆："仅一家门店就有许多（触点），我们主要通过按'场景布码'的方式来布置管理。"所谓按场景布码，即根据不同用户体验需求，在不同位置"穿插"触点。优屏就是按场景布码的典型代表，如果将其"布"在货架周边，可以发挥商品导购功能促进购买；"布"在收银台附近，则可投放轻松有趣的内容，减少排队无聊感；在餐饮区安放，则可通过小游戏、抢红包等形式增加用户用餐过程的趣味性。

2018年4月"Better购"小程序上线，很快成为步步高与顾客的重要交互载体，加速了"通触点"的进程。到2020年5月，步步高344家门店全部融通小程序，沉淀了超2000万[1]数字化会员。不论是公众号、朋友圈广告，还是线下店员和门店布码，几乎所有零售触点，都可以集中到小程序完成交互闭环。步步高对线上触点

| 该数据由步步高集团提供。

进行了全面梳理，带来了巨大增量。

为了更进一步推进数字化转型，步步高在2018年进行组织变革，成立智慧零售部门。

智慧零售部并不直接管店，而是以耦合形式接入不同业务和部门，对总部职能部门和一线门店进行赋能。比如步步高市场部，一方面继续负责传统市场营销职能，一方面要与智慧零售部合作，推动市场营销的数字化进程；而采购部门则在与智慧零售部合作中，负责完善以消费者为中心的全新数字化工作模式。

"一般商超总部与门店的关系是条直线，但现在我们变成了不同业务线交叉。"王湘杰在解释这一变化时表示，不同于高度中心化的管理方式，耦合型组织的"大平台 + 小前端"，具备极强的灵活度。这不仅内部的沟通流程大大缩短，而且使门店与总部沟通效率进一步获得提升，有助于执行层的主动性和灵活创新。

对于一个有着几万员工的"大组织"而言，完成上述变革并非易事。王湘杰依然记得，最初公司内部对新组织模式也存在诸多疑惑，"许多人表示不理解，因为改变人的思维是最难的。（现在正在进行的变革）相当于改变了一套习惯了一二十年的运作模式"。而且，耦合的工作方式对不同部门间的信任度与配合度形成了一种考验，没有强劲的执行力很难成功。不过，步步高董事长王填对推行组织调整十分坚决，面对质疑的声音，他反问："互联网公司能这样，步步高为什么不能？"

王填亲自挂帅，管理层达成高度共识，自上而下推动智慧零售的层层变革。当员工面临从"执行思维"到"用户思维"的艰难挑战时，步步高制定了一套全新的绩效考核机制，考核指标调整包括线上销售占比、会员黏性、复购率、月活人数、社群数量、社群管理等新指标。在新绩效驱动和充分授权的基础上，员工也快速与组织形成合力，工作方式和能力模型开始发生变化——改变固定促销、定时订货等传统方式，更多采用动态订购、灵活定价等主动行为。按照步步高"员工数字化"目标，从被动接受指令转变为主动提升效益，最终"人人成为销售员"。

组织变革不是"一战定胜负"，而是永远都在根据业务的发展不断进行调整。归根结底，消费者的变化、以用户为中心的认知是组织变革的持续动力。

围绕用户圈层分析项目，步步高与腾讯在"通数据"上深入合作。2018年年底，在步步高江西赣州、四川合川等地新项目开业时，腾讯适时提供商圈数据化分析报告。出具一份这样的报告，需要对海量数据进行分析，才能抽离出精准的判断，以指导商超的运营。以步步高赣州新天地为例，整合该项目的商场数据和腾讯数据，可以支撑对购物中心10~20公里范围内友商和消费群体的研究。这在帮助步步高优化商户引进，实现地推、线上广告投放的精准营销，提高获客率和到店率方面具有重大指导意义。在数据安全层面，腾讯也提供了绝对支持。

在"开放、合作、共赢"理念的主导下,步步高不仅与腾讯"通数据",还将数据开放给合作品牌商。2020年5月,步步高向品牌商开放高达2000万数字化用户的会员体系,共享会员流量池。基于数据合作与连接的尝试与成果,步步高的数字化零售生态体系逐步形成。

步步高的"三通"工程为行业提供了数字化转型的重要参考。"耦合式组织"只是起点,面对数字化升级过程中的各种挑战,步步高凭借组织模式的持续创新,不断适应业务变革。

第二节　自上而下的组织决心

不论是永辉云创还是步步高,我们可以看到用户的新消费习惯正在不断被培养,零售企业在加速拥抱新经营模式。但真正的挑战在于,商家的组织模式是否准备好了。智慧零售的转型是自上而下的系统工程,需要企业层面的实践决心,也需要组织层面的重构和创新。

来自企业领导人的推动,可以让转型过程呈现出更高的执行效率,资源集中度和聚焦度也会更高。梦洁CEO李菁在谈到"创新推动力"时就明确表示,每一次创新的大变革时期,企业创始人是绝对的领导者,"变革必然会牺牲很多东西,没有领导者的坚定支持，组织很难往前推进"。不仅领导人需要具备创新变革思维，组织内部也需要在战略目标、实践路径和认知层面达成共识，才能完成本来就非常艰巨的转型之旅。

前文多次提到，"零售数字化3.0"阶段是"人的数字化"。在这条赛道上，必然要把"用户资产数字化"作为最大的共识。"用户资产数字化"一方面是指零售的全渠道、全业态的无缝协同，另一方面则指企业前中后台的无缝协同。只有围绕这两种"协同"，企业资源才能得到合理整合，减少组织流程的摩擦和阻力，简单高效地推进既定的数字化战略。

长期以来，零售业往往以"企业管理运营"为中心来建立组织，核心目标是提高内部运营效率。但这一模式在数字化时代，很难形成快速灵活的组织能力，去满足消费者的多元化离散型需求。企业需要以"消费者"为中心的组织架构，用灵活、高效的组织去推动"系统工程"。也正因如此，去中心化、耦合、流动式等新的组织形态，开始成为企业决策者不得不认真投入的战略注意力所在。

在智慧零售转型过程中，零售企业的组织形态也呈现出明显的"双元特征"。所谓双元，是指组织同时具备两种看似矛盾却又能融合共存的不同能力，比如短期效益与长期探索、高度集权与赋能分权。双元模式正推动着零售企业以更加灵活、多元的组织结构进行变革，成为企业应对复杂零售环境变化的解决之道。其突出表现为：在管理上，实施一把手工程，同时对创新探索充分授权和赋能；在目标上，以绩效为驱动，却又设计足够的容错空间；在机制上，强调组织内部各部门联动，又追求组织外部的生态协同。

"CEO 工程"与充分授权

在推动"自上而下"变革的同时，零售企业高层充分授权一线，鼓励"自下而上"的创新。梦洁 CEO 李菁对此就深有体会，他认为"一把手工程"和充分授权保证了组织的高效运转，"在成立智慧零售事业部的时候，梦洁董事长直接拍板该部门总经理人选，并批准其可以主动抽调任何人员"。这种一把手领导，充分授权负责人的方式，保证了梦洁智慧零售事业的有力发展。

不仅国内企业如此，外资企业对这一点也有充分认知。沃尔玛将位于美国的"国际总部"改名为"国际支持中心"，而后又改为"支持团队"，由指挥式集中管理转为灵活赋能，以此推动市场一线的创新行动。沃尔玛的转变，既展现了总部对一把手工程的重视，又对一线创新做出了充分授权。对企业需要的创新而言，组织授权是非常重要的变革条件，只有授权充分、赋能到位，才有可能激活底层创新能量，从而加快创新速度，获得持续前进的推力。

CEO 工程与充分授权，正是管理层面自上而下的思想解放。中欧国际工商学院经济学与金融学教授许小年，就曾一针见血地指出："传统思维是（零售）企业进行数字化转型的一个比较大的束缚……

人一旦形成一种习惯思维之后，就很难跳出自己的思维定式。"[1] 所以，企业内部的新战略推进，必须建立在统一的认知之上。领导人作为企业的战略制定者、文化塑造者，任何思想认识领域的革新必须从他开始、自上而下。零售业领导者的思想解放，积极主动拥抱新的零售思维，才能步步推动管理层、执行层的思维转变。

绩效驱动与包容失败

合理的绩效激励机制，推动并保障着组织的快速转型，尤其在调动一线积极性上，发挥了不可替代的作用。大悦城管理中心首席信息官张灿在谈到转型经验时便强调："只有组织保证，相关的部门确定责权利，数字化转型才有扎实基础。只有建立起一套响应考核机制，才能够持续往下推进。否则只是空谈。"

在实施过程中，诸多企业对智慧零售转型设置的考核标准也与传统形式不同——它们往往采取更加包容的态度，很少设置严苛的KPI，而是从长远战略出发，以柔性、弹性的指标进行考核，旨在迭代出智慧零售的创新模型，让"幼小"的新业务快速发展壮大。万达商管集团副总裁兼丙晟科技总裁朱战备在谈到万达广场的创新尝试时说："老板（王健林）给了很多容错空间，可以充分地摸索和

---

1 网易研究局.专访许小年：我坚决反对风口[EB/OL].（2020-02-28）.http://money.163.com/20/0228/10/F6FFQNAL00258JIR.html#from=keyscan l.

创新。许多条件以前是不可能有的，而现在我们可以去大胆尝试。"数字化转型不是一蹴而就的转折，不能因为几次失败就因噎废食，它是不断尝试、不断总结、不断进步的演化。对于创新过程的失败尝试，组织应给予充分试错和充分信心，并在资金、资源的投入上坚定不移。只有锲而不舍地进行尝试与积累，才有可能在转型加速期拥有乘势而上的动力与动能。

内部联动与生态协同

对于变革中的零售企业来说，打破割裂状态，建立高度协同的组织势在必行。只有内部做到高效联动，才可能即时满足顾客的个性化需求。多部门跨边界联动已成为常态，IT部、电商部、运营部、线下门店等等，都需要合力支持配合新业务的开展。组织边界变得模糊，甚至长期处于无边界状态。正如M.A.C品牌总经理江晨所言，"这不是某一个部门可以单独完成的工作，冲在前面的可能是零售职能和市场体系，背后还需要很多部门一个个往下击穿"。

组织内部的联动特征，也对复合型人才提出了新要求——既具备互联网经验，又要有零售管理经验。管理者只有对门店经营、数字技术、电商运营、用户运营等专业知识有足够了解，才能更好地驾驭联动的效率与质量。

不仅组织内部需要联动，零售企业正在加速与外部生态相协同。越来越多的零售商都以更为开放的姿态，与加盟商、合作商建立统一战线，共同推动产业上下游协同转型。联想通过举办"虎贲特训营"、一对一沟通等方式，吸引重点经销商率先参与智慧零售转型；万达广场与丙晟科技开放组织，为商场类创业公司提供转型实践机会；沃尔玛则向品牌商开放数据，帮助优化品类设计，共同服务好消费者。零售企业与腾讯智慧零售的合作，也是组织走向开放、实现生态协同的重要表现。

行业实践与创新走向，既宏大辽阔又具体而微。在"零售数字化3.0"阶段的艰难跋涉中，组织变革是最重要的"关隘"。

第三节　从数字化到智能化

零售的未来必然指向更加深入广泛的产业协作，而在腾讯产业互联网战略不断深化下的"超级连接"，也将在零售业新的历史阶段，提供更加强大的加速动能，去面对一个又一个零售业的无人区考验。

"零售数字化"是数字商业不断深入的一个开篇。在层出不穷的零售数字化创新中，在算法不断基于全链路数据的反向定义中，所有原本一成不变的粗放式运营重新被数字化驱动。用户消费方式迭代和数字技术创新还将不断重构零售：它表现为新的生态，数字化连接加速和更多云化推动产业的协作进化、协同深化，赋能不断涌现；它表现为新的品类，每种生活方式细分再细分的过程成为用户触点不断颗粒度化的进程，新的企业在信用痛点和效率缝隙中诞生；它表现为新的模式，系统数字化的商业土壤中生长出来的，不再是存量市场的结构不断优化，而是一次系统的"范式转移"，一套全新的游戏规则。

围绕社区零售，以社交拼团、mini模式为代表的近场服务便利性网络，正在构建新的体验解决方案和社区联系，推动社区商业文明进程的静水流深；围绕商业地产，以"后物质时代"对人的需求的重新审视，策展式商业、沉浸式零售，正展现为全新的内容表达和意义传达。

未来，"零售数字化3.0"阶段也必然向"智能化"阶段稳健迈进。美国零售业数字转型战略家、"云经济学"概念提出者乔·韦曼指出，"未来（5G）与人工智能、大数据、边缘计算、移动机器人、物联网等结合后，将实现真正的'未来世界'"。[1]

从信息化到数字化，再到智能化，这是零售发展的大势所趋，未来商业的零售是智能化的零售，其表现形式至少包括以下几点：

其一，零售行业的基础设施向百分百"云化"推进。大数据与云服务除了为企业提供算力基础外，还帮助零售企业建立智能运算

---

[1] 王颖菲. "云经济学"之父乔·韦曼：5G就是灰犀牛，将颠覆九大行业的未来[EB/OL].（2019-05-24）.https://www.sohu.com/a/316284442_100195512.

的算法模型，提供数据存储、数据安全以及对数据实时和离线的处理等能力。这些能力随着 5G 时代的来临会显著提升。基础设施云化同时决定着零售业态的创造、管理的创新和效率的提升，人、货、场的百分百云管理，在这一阶段真正成为现实。

其二，来自终端的改变更为剧烈，形成全方位的触点环绕消费者。现阶段与消费者建立交互的触点绝大部分围绕智能手机，而未来则会依靠穿戴、出行、家居等所有万物互联场景，形成无处不在的触点体系。触点的爆炸式增长，必然引发人、货、场交互的爆炸式增长，内容的丰富程度也将是现在不能比拟的。终端的变化，也驱使着 DTC（Direct To Consumer）模式的供应链变革和快速发展。DTC 是指企业可以直接面向消费者进行营销，它包括任何以终端消费者为目标而进行的传播活动。它比传统媒体更接近消费者，更关注消费行为，更重视消费者生活形态的把握。现阶段通过社交媒体、直播、一物一码等形式的连接，已经是 DTC 模式的形式之一，但是随着爆炸式的触点衍生，DTC 模式还将衍生出更多形式。对于消费者而言，这将是一次系统性的体验革命。届时，全渠道运营真正进化为更加立体多元的全触点运营，每一个触点的背后，都是网络化的交易枢纽。

其三，供应链的深度智能化，通过将新技术与业务整合，支持企业进行更敏捷的全链路决策。特别是 C2M 模式将会逐渐走向成熟。基于 C2M 模式的制造流程，是满足消费者个性化、定制化需求的重要手段。在本书第五章已经列举了部分企业的探索，但是真正C2M的定制化供应链还未形成。要实现信息、商品、资金、消费者的高度适配，仍然需要一段时间。但毫无疑问，它会成为未来并非唯一却十分重要的供应链形式。

其四，基于终端、供应链等全链路的智能化，零售企业能够完成"智慧大脑"的搭建，基于算法的推荐和预测，企业能够自动化地快速响应，做出精准科学的决策。每日优鲜CFO王珺谈及这一点便举例道："每日优鲜可以利用AI做分布式经营决策。（未来）从补货到采购到商品开发，再到需求侧的销售定价、货架排序、智能推荐、流量获取等，都能实现全链路的智能化。"李宁IT部门负责人朱远刚也希望："未来能够实现数据、决策和业务执行的实时互动，甚至是自动化执行的结果，这样才能够真的实现未来数字化对用户的快速响应。"这不仅是每日优鲜和李宁的期许，也是整个零售行业的发展趋势。

其五，"垄断模式"的企业关系或将让位于"联盟模式"。依托平台电商形成的垄断生态因为DTC等模式的兴起，影响力正在相对减弱。在零售生态中，不同零售企业或上下游企业，因为智能化的重构而形成更为共生协作式的"联盟"关系。一个整体的可持续发展的良好的生态，将打破平台的垄断，提升零售行业整体的运营效率。

以上五点，正是零售智能化的未来状态。

到那时，零售行业涌现的澎湃"创造力"，恰恰将是那些最微小、深入日常的生活方式的变化——有情感温度，有社群归属，还有更加精准细分的个性化体验。它们并不为我们的意志所左右，却非常深刻而坚定地在发生位移，指向全新的商业文明和生活方式。

种种关于未来的预想，正是建立在这样一次商业文明变革中的实践真知。让大象跳舞，也让巨人转身，本质上则是围绕人的一次次超级连接，让人货场融合、重组并涌现——这注定是一场春雨，少有狂风呼啸却浸润零售新物种茁壮生长；也如一列超高速列车，没有轰鸣阵阵却在数字化轨道上笃定疾驰。许多年后，我们或许会记得生活中每一次精妙的个性化零售体验的背后，正是以智慧零售为代表的商业文明变革推动零售业进入了新的时代。

致谢

2019年5月22日腾讯智慧零售召开了首次战略发布会,超过1600位客户和合作伙伴聚集一堂,分享与智慧零售合作一年多的成功经验,一起开拓零售行业的万亿新增长,我们便萌生了将腾讯智慧零售的观点、价值、零售数字化的路径和创造业绩增长的方法论撰写成书的想法。一年多后的今天,在第二次腾讯智慧零售战略发布会之际,本书终于问世。

本书凝聚了很多人的心血,在此一并向所有参与创作的成员致以衷心的谢意。中国经济进入了"新常态",但红利从来没有消失。我们要拥有双线增长的思维,既要考虑短期业绩,同时也要长期投入私域业态建设,追求可持续的发展。

感谢腾讯董事会主席兼首席执行官马化腾,腾讯高级执行副总裁、云与智慧产业事业群总裁汤道生,腾讯高级副总裁、腾讯广告&腾讯智慧零售负责人林璟骅，腾讯智慧零售副总裁陈菲，腾讯智慧零售运营副总裁田江雪，腾讯智慧零售产研副总裁蒋杰，腾讯智慧零售销售副总裁范奕瑾对本书的大力支持。

感谢战略与内容研究顾问场景实验室创始人吴声。

感谢全书撰写的核心创作团队：腾讯智慧零售的杨维佳、鲍晨明、钱艺，场景实验室的孟幻、张玲、杜颖、王惠等。

感谢腾讯智慧零售的陈浩辅、王墨、何迪、李洋、张锦煜、姚凌鹏、苏龙飞、唐亚男、曹超云、陈醒、张广、林潇聪、马冬平、林圣欣、沙冰月、赵衍松、白清、杨时杰、何帆、林丽婷、努尔夏提尼加提、陆殷等，腾讯广告的李碣石、王勇、黄梓铿等。感谢场景实验室内容合作伙伴考拉看看团队和书服家团队的张小军、马玥、杨博宇、熊玥伽、李开云，腾讯内容策划合作伙伴罗小亭、薛筱凡、宋晓英、刘姗姗、王羚菲、陈艳培、刘洋扬、李新彤、张志琪等对行业调研、业务访谈、客户走访和全书写作的支持。

感谢腾讯集团市场与公关部和腾讯研究院在修订和传播等方面的支持，包括付涛、周博云、汪小星、张柳燕、李爽、李刚、马梦顾、宋睿、杨洋等。

也非常感谢各位受访的企业家和生态合作伙伴的支持：沃尔玛中国、优衣库大中华区CMO吴品慧、万达商管集团副总裁兼丙晟科技总裁朱战备，香飘飘董事蒋晓莹、香飘飘品牌中心总监朱晓莹，M.A.C中国区品牌总经理江晨、M.A.C中国区新零售团队沈黎娅、佟晓航，丝芙兰大中华区总经理陈冰（Maggie Chan），名创优品 CTO 马玉涛，联想 OMO 项目及联想乐呗商城、联想乐呗 U 店负责人张诚，绫致集团智慧零售前负责人刘东岳、绫致集团智慧零售业务负责人兼 ONLY 零售 VP 牟楠希、绫致集团电商业务副总裁王聪，李宁电商事业部总经理冯烨、李宁渠道总经理王丰、李宁 IT 部门负责人朱远刚，梦洁 CEO 李菁、梦洁品牌总经理成艳，每日优鲜合伙人兼 CFO 王珺，百丽国际执行董事李良，完美日记母公司逸仙电商联合创始人陈宇文，大悦城控股商业管理中心首席信息官张灿，步步高集团高级副总裁兼超市事业部 CEO 王湘杰、步步高集团副总裁兼智慧零售 COO 徐莎莉，微盟智慧零售，有赞商家服务团队，向心云超级导购、向心云草动团队，等等。

我们希望本书能给各零售同行提供有益的启示，为零售数字化开启新的篇章。